KB193449

우리는 동역자입니다

우리는 동역자입니다

지은이 | 임용우
초판 발행 | 2024. 1. 17
2 쇄 발행 | 2024. 11. 11
등록번호 | 제 1988-000080 호
등록된 곳 | 서울특별시 용산구 서빙고로 65 길 38
발행처 | 사단법인 두란노서원
영업부 | 2078-3333   FAX | 080-749-3705
출판부 | 2078-3331

책값은 뒤표지에 있습니다.
ISBN 978-89-531-4775-1 03230

독자의 의견을 기다립니다.
tpress@duranno.com   www.duranno.com

두란노서원은 바울 사도가 3차 전도여행 때 에베소에서 성령 받은 제자들을 따로 세워 하나님의 말씀으로 양육하던 장소입니다. 사도행전 19장 8-20절의 정신에 따라 첫째 목회자를 돕는 사역과 평신도를 훈련시키는 사역, 둘째 세계선교(TIM)와 문서선교(단행본·잡지) 사역, 셋째 예수문화 및 경배와 찬양 사역, 그리고 가정·상담 사역 등을 감당하고 있습니다. 1980년 12월 22일에 창립된 두란노서원은 주님 오실 때까지 이 사역들을 계속할 것입니다.

전 성도가 하나님의 일꾼인
워싱턴성광교회 이야기

우리는
동역자입니다

임용우 지음

두란노

차례

Part 1.
세상의 사업가,
하나님을 만나다

Part 2.
평신도,
목사가 되다

Part 3.

성도,

성령의 일하심을 보다

Part 4.

가정,

교회가 되다

워싱턴성광교회는 이민 교회를 대표하는 건강한 교회입니다. 워싱턴성광교회에서 협동전도사와 협동목사로 사역한 저는 초창기부터 하나님의 역사가 일어나는 교회를 눈으로 보았고 또 함께 체험했습니다. 그 배경에 숨은 저자 내외의 기도, 담대한 믿음, 아낌없는 사랑과 헌신을 잊을 수 없습니다. 두 분은 하나님의 살아계심을 확신하며 하나님과 동행함을 몸소 보여주셨고, 하나님의 뜻이라면 언제나 순종하셨습니다. 그 믿음은 곧 전도 사역을 하는 제게 큰 도전과 본이 되었습니다.

워싱턴성광교회는 "많은 사람을 옳은 데로 돌아오게 한 자는 별과 같이 영원토록 빛나리라"(단 12:3)란 사명 아래 지어진 '성광'(星光)이란 이름처럼 많은 사람에게 복음을 전달하는 교회입니다. 말보다 행동으로 전도와 선교에 앞장서며 모든 성도를 복음 안에서 건강하게 세워 나가는 교회입니다. '나는 하나님의 일을 하고 하나님은 내 일을 하시는' 은혜가 선순환하는 교회이기에 기적의 역사는 끊임없이 일어날 것이라 확신합니다. 건강한 교회를 꿈꾸고 있는 한국 교회와 이민 교회에 큰 도전과 힘을 줄 것을 기대합니다.

김기동 소중한교회 담임목사

성령님의 능력이 강하게 역사하는 목회 현장을 꾸밈없이 그대로, 그러나 역동적으로 기록한 이 책을 단숨에 읽으며 큰 도전을 받았습니다. 우리 부부는 저자와 18년 이상 동역했습니다. 기도의 거장이신 저자 내외의 세 자녀 그리고 손주까지 가깝게 지내며 저자가 하나님이 기뻐하실 뿐 아니라 멋이 넘치는 가정을 그리스도 중심으로(Christ Center) 섬기는 모습을 지켜봤습니다. 저자야말로 가정과 교회와 지역 사회에서, 그리고 미 전국 교단에서 인격자로 존경받는 분이며, 모든 관계 안에서 실천하기 어렵고 보기 드문 인티그리티(integrity)의 삶, 즉 성경적 인격을 매일 쌓아 가는 분임을 압니다.

워싱턴성광교회는 말씀을 가르치고, 배우고, 순종하며 이를 실천하는 교회이며, 끊임없는 기도로 성령 충만의 능력 안에서 전진하는 교회입니다. 다음 세대를 장래의 리더로 키우는 교회, 주님의 지상명령을 이루기 위하여 선교 전략을 세우고 실천하는 교회입니다. 주님의 지상명령 성취를 위해 전 교인이 하나로 뭉쳐서 마치 복음의 폭탄을 세계로 터트리는 것처럼 역동적으로 사역하고 있습니다. 단일 교회로서는 보기 드문 수의 파송선교사와 현지에서 사역하는 협력선교사님과 함께 동역하며 모든 열정 다 부어 전진하고 또 전진하는 교회입니다. 목사, 선교사, 신학생, 성도 모두가 필수적으로 읽어야 할 책이라고 확신하며, 마음 다하여 추천합니다.

김춘근 JAMA(Jesus Awakening Movement for America) 대표

저자는 제가 미국에서 만난 가장 소중한 분입니다. 30년 이상을 교제해 온 신실한 친구이면서, 가장 존경하는 동역자입니다. 하나님을 사랑할 뿐 아니라 그 사랑의 실체를 삶을 통해 보여 주신 분입니다. 복음에 대한 이론을 가르치는 분이 아니라 복음의 삶을 살아 내신 분입니다. 그 삶 속에는 십자가가 있고, 부활이 있으며, 성령의 능력이 살아 있습니다. 그랬기에 저자 내외가 시작하신 워싱턴성광교회의 사역은 처음부터 사도행전적 비전을 담고 있었습니다. 저는 교회의 개척과 성장 과정을 곁에서 지켜보면서, 하나님이 마지막 시대에 사용하실 교회 상이 바로 이런 것이라는 확신을 갖게 되었습니다.

오늘날 선교적 교회(Missional Church)가 구호처럼 외쳐지고 있지만, 실제로 선교의 열매를 맺는 교회는 흔치 않습니다. 그러나 워싱턴성광교회는 처음부터 선교를 위해 탄생했습니다. 교회 재정의 대부분을 선교에 사용하면서, 실제로 수많은 선교사들을 파송했습니다. 단일 교회가 이처럼 많은 선교사들을 파송한 경우는 한국이든 미국이든, 그 유례를 찾기가 쉽지 않습니다.

이런 의미에서 저자 내외의 신앙 여정과 성광교회의 사역을 담은 책이 출간됨은 너무나 축복된 일입니다. 이 책은 주님의 비전을 담고 있으며, 사도행전적 교회의 전형을 소개하고 있습니다. 주님 오실 날이 멀지 않은 이때에 선교를 꿈꾸는 사람이라면, 교회의 본질을 회복하고 초대 교회 영성으로 돌아가기를 원한다면 반드시 읽어야 할 필독서라고 믿습니다. 출간을 진심으로 축하드리며, 이 책이 한국 교회를 깨우는 새벽종이 되길 기도합니다.

박성근 남가주새누리교회 담임목사

영화, 〈패밀리 맨〉에 마음을 콕 집는 대사가 하나 있다. "I choose Us." (나는 우리를 택할 거야!) 나는 이 대사를 떠올릴 때면 저자 내외가 생각난다. 내가 아는 두 분은 언제나 '함께'이면서 '하나'였다. 뜻밖에도 우리 주변에는 따로국밥 부부도 많고 나 홀로 목회자도 부지기수다. 두 분은 생각과 꿈이 하나였다. 이런 조합을 우리는 '천상의 커플'이라 부른다. 넘어질 일도 패할 일도 없다(전 4:9-12). 그의 책이 내게 속삭인다. "목회의 본질은 가정에 답이 있다"고. 교회는 가정이 세워지는 만큼 세워진다. 이 책을 현미경이 아닌 망원경으로 바라볼 이유가 여기 있다. 나의 선택과 더불어 비밀스럽지 않은 그 비밀을 이 책에서 꼭 찾아볼 수 있기를!

송길원 하이패밀리 대표, 동서대학교 석좌교수

이 책은 하나님 나라의 확장을 위해 헌신한 한 지역교회의 감동적인 이야기로, 워싱턴성광교회의 20년 선교 역사를 생생하게 기록하고 있습니다. 오랫동안 보아 왔던 워싱턴성광교회는 살아 숨 쉬는 초대 교회의 모습으로, 목장 안에서 성장하는 성도들의 선교를 향한 열정과 신앙이 아프리카, 아시아, 중남미 등 세계 곳곳의 선교사들과 연결되어 수많은 선교 현장에서 하나님 나라가 선포되는 놀라운 역사를 이루고 있습니다. 창립 첫 해부터 지금까지 교회 재정의 50퍼센트 이상을 선교에 사용하겠다는 교회의 결단과 성도들의 순종, 새벽 미명의 시간마다 선교를 위해 기도하시던 저자의 열심. 워싱턴성광교회는 선교 후원자가 아니라 동역자라는 그의 고백은 저에게도 도전과 은혜가 됩니다.

책에서 보인 선교 비전과 성도들의 헌신, 그리고 그들의 사역을 통해 변화된 사람과 공동체의 이야기는 가슴을 뛰게 합니다. 하나님의 나라를 위해 성도가 무엇을 할 수 있을지, 선교 후원뿐 아니라 선교사들과 어떻게 동역할 수 있을지, 다음 세대를 위한 교회의 역할은 무엇인지 이 책을 읽는 모든 그리스도인에게 귀감과 도전이 될 것입니다. 하늘의 별은 세상을 밝히고 많은 사람을 옳은 길로 인도합니다(단 12:3). 이 책을 통해 별의 역할을 감당하는 지역교회와 성도들이 더욱 많아지길 기대합니다.

유원식 희망친구 기아대책 회장

워싱턴성광교회는 이민교회들 가운데서 선교로 정평이 난 교회입니다. 워싱턴성광교회에 대한 좋은 소문은 항상 부흥과 선교라는 두 가지 공통점으로 귀결되었습니다. 많은 교회가 담임목사의 선교적 열정을 따라가지 못해 갈등을 겪는 데 비해, 워싱턴성광교회는 성도와 목회자의 선교적 온도가 같습니다. 임용우 목사님이 비전을 선포하면 성도들은 그 비전을 이루어 냅니다. 제가 목회했던 달라스는 워싱턴과 물리적 거리가 있음에도 불구하고 워싱턴성광교회의 개척과 부흥 그리고 선교는 제게 많은 도전을 주었습니다.

저자는 아메리칸 드림과 킹덤 드림을 함께 이루신 목사님입니다. 그래서 누구보다도 더 이민자들의 삶을 잘 이해하는 목회자입니다. 동시에 이 땅의 삶과 하늘의 삶을 연결시킬 줄 아는 리더입니다. 이민 생활에 지친 이에게는 살아갈 소망을, 땅의 꿈을 이룬 자에게는 킹덤 드림을 보여 주는 비저너리(visionary)입니다. 소문으로만 듣던 워싱턴성광교회의 이야기가 책으로 나오게 되어 정말 기쁩니다. '성광교회의 이야기를 소개하지 않는 것은 직무유기'라고 저자가 서문에서 밝힌 것처럼 자세하게 본인의 삶과 교회의 이야기를 소개하고 있습니다. 이 땅의 많은 교회들이 이 책을 통해 교회의 본질을 회복하고 나아갈 방향을 더 구체적으로 찾게 되기를 소망하며 강력히 추천합니다.

최병락 강남중앙침례교회 담임목사, 월드사역연구소 소장

책을 읽기 전에

'지금까지 하나님이 워싱턴성광교회에 보여 주신 역사를 기록하지 않는 건 직무유기'라고 하신 가까운 목사님들의 말씀이 마음에 와닿았습니다. 더욱이 우리 교회 사역을 배우고 싶다는 젊은 목사님들의 요청이 계속되어 하나님이 하신 일들을 기록으로 남겨야겠다고 용기를 냈습니다.

예수님을 전혀 몰랐던 저와 아내는 20대 중반에 미국으로 이민을 왔습니다. 아내가 먼저 교회에 나가면서 양가 친인척 스물여덟 가정이 모두 예수님을 영접했습니다. 초보 신자 때부터 때때로 음성을 들려주신 성령님이 지금까지 저희를 인도하고 있습니다. 우리 부부처럼 믿음의 토대가 약한 자도 들어 쓰시는 모습을 보며 많은 분이 용기를 얻으면 좋겠습니다.

저는 회계사로 다섯 개의 사업체를 운영하던 비즈니스맨이었습니다. 그런데 37세 때 환상 가운데 들려온 "예수가 너를 위해 죽었다"는 성령의 음성이 제 인생을 송두리째 바꾸었습니다. 49세에 교회 개척을 위해 나섰습니다. 제 최대 강점은 평신도 경험이 길다는 것입니다. 그 경험을 살려 '전 성도 사역자화'를 추구했고, 워싱턴성광교회의 모든 성도는 평신도 사역자로 쓰임받고 있습니다. 이 책에 하나님이 우리 부부를 통해 역사하신 사실과 동역자인 평신도 사역자들이 달려온 기록을 담았습니다.

워싱턴성광교회는 1,000여 명의 출석 교인 가운데 80퍼센트 이상이 십일조 헌금을 하고, 모든 성도가 셀 목장에 가입하여 선교사님들과 동역하고 있습니다. 45개국에 96명의 선교사를 파송했으며 59명의 선교사와 협력하고, 12개 선교 단체를 기도와 물질로 후원하며 달리는 중입니다. 또한 재정의 53퍼센트를 선교와 구제에 사용하며, 매달 10만 달러 이상을 선교사님들에게 보냅니다. 저희 교회의 선교 활동을 보면서 많은 교회가 도전받기를 기대합니다.

성광교회의 사역 비전을 한 줄로 축약하면 '밖으로는 해외선교, 안으로는 자녀선교'입니다. 아메리칸 드림을 꿈꾸며 이민 온 1세대들은 어느덧 세상을 많이 떠났고, 청소년 시절에 이민 온 1.5세대들도 노년에 접어들었습니다. 미국에서 태어나 완벽한 영어를 구사하는 2세대 한인들이 미국 정부에 들어가고, 연봉 20만 달러가 넘는 글로벌 기업에서 일합니다.

안타깝게도 젊은 세대는 점점 교회와 멀어지고 있습니다. 이것은 미국만의 문제가 아니라 한국도 마찬가지라고 생각합니다. 예수 믿기 전에는 잘 먹고 잘사는 것이 꿈이었다면, 예수 믿고 난 후 우리의 꿈은 '하나님의 꿈'이 되어야 합니다. 하나님의 꿈이 무엇입니까? 자녀선교에 목숨 거는 성광인들과 함께 미래 세대를 주님 품으로 이끌 수 있도록, 힘을 모으면 좋겠습니다.

성광교회에 임한 하나님의 역사하심에 대해서만 기록하려고 애썼습니다. 지나온 날을 되돌아보니 하나님이 우리 부부를 사용해 주셔서 좋은 일이 많았습니다. 성령님이 다 하셨고 우리는 들러리였습니다. 모든 영광을 하나님께 돌립니다.

오랜 기간 많은 분의 격려가 있어 책을 내게 되었습니다. 기도해 주신 분들, 실행에 옮길 수 있게 도와주신 하이패밀리 송길원 목사님과 이근미 작가님, 두란노서원과 실무를 담당한 출판부에 감사를 드립니다.

임용우 목사

예배만 잘 드리면 됩니다

사도행전 교회의 모형, 성광

2007년 SBC 버지니아 남침례교 주 총회에서 주관하는 '21세기 컨 퍼런스'가 열렸다. 미국 버지니아 남침례교 교단에 가입한 미국 교회와 한인교회의 숫자가 1,600여 개에 이른다. 대회 기간 중에 '21세기를 이끌어 갈 사도행전적 교회 TOP6'를 선정했는데 당시 교세가 크지 않았던 우리 교회가 포함되었다. 다섯 개 교회는 모 두 대형교회였다.

리치몬드 본부에서 전문사역자들을 보내 한 달 동안 우리 교회 사역 현장을 구석구석 촬영했다. 비전이 무엇인지, 교회를 어떻 게 운영하는지, 다양한 질문을 하며 꼼꼼하게 기록했다.

컨퍼런스 당일 1,500명이 넘는 미국 목사님이 모였다. 우리 교 회에 대해 발표할 때 "나는 평신도 사역자와 함께 동역하고 있다. 모든 평신도가 목장에 가입되어 있으며 그 목장은 선교지와 연결 되어 있다. 우리 교회 성도들은 모두가 사역자라는 각오로 달리며 선교사들을 힘껏 지원한다"고 설명했다. 내가 강연하는 동안 미국 목사님들이 세 번이나 기립박수를 보냈다. 그날 강연 가운데 성광교회의 사례에서 유일하게 기립박수를 받았다. 참석자들이 '사도행전 교회의 모형'이라고 입 모아 말했다.

본부는 '워싱턴성광교회는 남침례 교단에서 가장 닮고 싶은 사도행전적 교회'라며 사역 내용을 CD로 제작해 1,600여 개 교회에 보냈다. 미국의 중부지역과 버지니아 주 아래 남부지역은 바이블벨트(기독교가 강세를 보이는 지역)로 예수 믿는 사람이 많이 분포해 있다. 남침례교단과 오순절교단, 천주교의 교세가 강하다. 그중 평신도를 선교사로 보내는 남침례교단은 대한예수교장로회의 고신교단과 성격이 비슷하다. 우리 교회를 '남침례교단이 본받을 사도행전적 교회'라고 지칭한 것에 깊은 감동을 받았고, 우리 교인들이 더 열심히 달리는 계기가 되었다.

팬데믹 기간에 오히려 부흥한 교회

2020년 3월 12일, 코로나에 관한 우리 교회의 입장을 공표했다. 미국 내 코로나 상황이 심각해지면서 CDC(미국 질병통제예방센터)에서 실내 모임을 중단시킨 시점이었다. 교회에 대한 제약이 별로 없는 기독교 국가 미국에서 모임을 중단시킨 것은 그만큼 사태가 심각하다는 뜻이었다. 우리 교회는 정부의 가이드라인을 고스란히 지켰다. 마스크를 하라면 하고, 하지 말라면 하지 않고, 모든 것은 CDC의 지침에 따랐다.

3개월간 온라인으로 예배드린 후 정부 방침에 따라 예배 참석 인원 숫자를 점차 늘려 갔다. 주일에 3부로 나눠서 드리던 예배를 2부로 줄였다. 코로나가 진정국면에 접어들고 야외에서 마스크를 벗고 다니게 되자 출석 성도가 점차 늘어났다.

2022년 4월 15일 부활절기념 금요예배를 기점으로 성도들의 참석이 크게 늘었다. 4월 22일 창립 21주년 기념 예배 때 70퍼센트 정도의 성도가 참석했다. 어린 자녀를 양육하는 3040 교인이 많아 여전히 100퍼센트 참석이 쉽지 않은 상황이었다.

코로나19 팬데믹 때문에 많은 교회가 약화 되었다고 한다. 우리 교회는 감사하게도 팬데믹 기간에 오히려 더 강화되었다. 모임에 제약이 많았지만 2년여 기간 동안 교인이 200여 명이나 늘었다. 2021년 9월 성광교회 20년 역사 가운데 가장 많은 헌금이 모였다. 300만 달러가 넘은 결산 결과를 보고 우리 자신이 더 놀랐다. 코로나로 교회에 잘 나가지 못하게 되면서 성도들이 온라인으로 내 설교를 듣고 우리 교회에 오신 분들이 많았던 덕분이다.

내가 특별히 다른 목사님들보다 설교를 잘해서 그런 건 아닐 것이다. 성도들은 선교에 비전이 있는 교회에서 능동적으로 신앙생활을 하고 싶고 평신도 사역자로 달리고 싶어 우리 교회로 왔다고 했다. 어려운 상황에서 더 많이 채워 주신 하나님께 감사드릴 따름이다.

코로나 이전부터 방송 담당 풀타임 간사가 있었던지라 팬데믹 기간 동안 장년 예배를 비롯해 모든 예배를 생중계했다. 주일학교 예배도 중계했는데, 지역 교회들이 우리도 그 생중계 예배를 볼 수 있게 도와달라고 요청해 왔다. 원하는 교회들을 다 연결해 팬데믹 기간에 우리 교회와 동시 예배를 드리는 곳이 늘어났다.

평소 우리 교회 프로그램이나 성장 과정에 대해 알고 싶다는 문의가 많다. '일주일간 함께 생활하며 사역을 체험하고 싶다, 며칠간 배우고 싶다'는 요청도 많았는데 부담스러워서 다 거절했다. 미국 내에서도 오지만 한국에서 오는 분들도 있다. 교회뿐만 아니라 연합회에서 방문하기도 한다.

캐나다의 한 교회는 "선교하는 성광교회를 닮고 싶다"며 초청 의사를 밝혔다. 그런 분들에게 "그냥 예배드리면 됩니다. 특별한 거 없습니다"라고 말씀드린다. 예배만 잘 드리면 되지, 그 이상 뭐가 더 필요하겠는가. 다만 준비를 잘해서 사역박람회를 열면 좋겠다는 소망은 갖고 있었고, 그에 앞서 이 책을 내게 되었다.

세계를 움직일 차세대 리더가 배출될 교회

JAMA(Jesus Awakening Movement for America) 대표이자 페퍼다인대학교(Pepperdine University)의 교수를 역임한 김춘근 장로님의 말씀이 떠오른다.

"한인 자녀들이 대학 나와 좋은 직장에 들어가면 가정밖에 모릅니다. 가족들과 지내다가 스포츠에 재미를 붙입니다. 스포츠가 식상하면 그다음으로 심취하는 게 마약입니다. 많은 한인 2세들이 하나님을 모르는 가운데 마약으로 빠지고 있습니다. 보통 심각한 문제가 아닙니다."

잘살기 위해 미국에 왔다가 자녀교육을 제대로 못 해 후회하는 분들이 많다. 자녀를 믿음으로 양육하자는 뜻에서 우리 교회는 '자녀선교'를 강조한다. 지금까지 지상에서 유대인 외에 모든 민족이 신앙교육에 실패했다. 유럽이 그랬고 미국도 그랬고 지금 한국도 그 길을 따라가고 있다. 요즘 한국에 교회학교가 없는 곳도 있고 청년 숫자가 줄었다는 얘기도 들었다. 앞으로 이런 현상이 더 심해질 것이다. 이 세상에서 가장 중요한 투자는 믿음 투자이고 그중에서도 다음 세대를 위한 투자다.

"예수를 제대로 믿고 하나님 뜻 가운데 무엇을 할 것인가?"를 늘 생각해야 한다. 미국은 청교도의 나라다. 대통령과 대법원장이 성경에 손을 얹고 선서하는 나라가 세계 어디에 있는가. 흑인 대통령이 나왔으니 능력만 따른다면 스패니시(Spanish, 스페인계)와 동양인도 대통령이 될 수 있다. 미국 국민 가운데 스패니시가 차지하는 비율이 25퍼센트에 달한다. 흑인보다 숫자가 많아 스패니시 출신 대통령이 곧 나올 거라고들 한다.

우리 교회 1.5세 청년 성도 중에 대단히 똑똑한 친구가 있다. 대학을 졸업하고 구글과 연방준비은행에 동시 합격한 뒤 나에게 어디를 가면 좋겠냐고 물었다. 구글이 연방준비은행 월급의 두 배가 넘으니 고민이 되는 듯했다.

"돈과 명예 중 어떤 걸 택하는 것이 좋을까요? 구글에 가면 돈은 많이 벌겠지만, 연방준비은행에 가면 한인 2세로서 세계를 움

직이는 인물이 될 수 있어요. 형제님이 연방준비은행의 체어맨이
되면 좋겠어요. 만약 안 되더라도 다른 사람을 위해 기반을 닦아
놓을 수 있잖아요."

청년은 내 말에 순종해 주었다. 입사하여 워싱턴에서 근무하다
가 시카고 연방준비은행으로 발령받았다. 2021년, 8년 만에 워싱
턴 본부로 오면서 우리 교회에 다시 출석하고 있다. 요즘 그 청년
은 미국 연방준비제도이사회 제롬 파월(Jerome Powell) 의장을 직
접 대면하면서 조언도 하고 데이터 인포메이션도 주고 있다. 제
롬 파월 이사장과 통화하고 만나는 위치에 오른 그에게 "이제부
터 확실하게 체어맨이 되게 해달라고 기도하세요"라고 말했다.

22년 전, 목회 시작할 때부터 "앞으로 코리안 2세 3세들이 대통
령도 되고 국무장관도 될 것입니다. 여러분의 자녀를 위해 꿈을
키우고 믿음을 가지십시오"라고 강변했다. 초창기에는 '먹고살기
도 바쁜데 무슨 뜬금없는 말씀을 하시나'라는 반응이었다.

"자녀가 좋은 대학 나와 돈 잘 버는 것에 만족하지 마십시오. '어
떻게 하면 미국의 리더가 되어 하나님이 기뻐하는 나라로 만들까'
를 생각하십시오. 하나님이 기름 부으시면 기적이 일어납니다.
얼마 안 가 주의원, 연방국회의원, 상원의원이 배출됩니다. 우리
자녀를 정치계로 보내야 합니다."

나의 열변에 뜨악한 표정이던 성도들이 10여 년 전부터 "아멘!"
으로 화답하며 큰 꿈을 꾸기 시작했다. 한인들이 연방하원까지
올라간 상황이니 이제 가능성 있다고 여기는 분위기다. 얼마 안

가 한국계가 상원까지 올라갈 것으로 보인다.

매월 마지막 주 토요일 패밀리 새벽기도 때면 부모들이 자녀들을 데리고 나와 안수기도를 받는다. 안수기도 할 때 "우리 자녀가 다음 세대를 이끄는 위대한 믿음의 인물 되게 하소서. 정치적인 지도자, 영적인 지도자, 경제적인 지도자, 문화적인 지도자가 되게 하시고 미국의 대법관과 인류에 이바지하는 노벨상 수상자가 배출되게 하소서"라고 기도한다. 예전에는 너무 먼 얘기라고 생각하여 호응이 없더니 요즘은 서로 안수해 달라고 부탁한다. 우리 성도들은 '자녀들이 하나님께 영광 돌리는 큰 인물 되게 해달라'는 꿈을 꾸고 있다.

한인 2세들은 국적만 미국이 아니라 멘탈리티(mentality)도 완전 미국 사람이다. 한국 사람 이라는 의식이 없다. 성도들에게 믿음과 함께 코리아 멘탈리티를 가질 수 있도록 가르치라고 강조한다.

지금 우리 교회는 미래 세대를 위해 비전센터를 건축하고 있다. 비전센터에서 마음껏 부르짖으며 기도하는 가운데 큰 꿈을 키운 아이들이 미국의 리더가 되어 하나님을 기쁘게 할 날을 기대하고 있다.

Part 1.

세상의 사업가,
하나님을 만나다

chapter 1

사랑하고 꿈꾸고
순종했던 시절

●● 사실은 내가

나와 아내는 결혼할 때까지 단 한 번도 교회에 나가 본 적이 없다. 둘 다 살면서 교회에 대해 생각해 본 적도, 전도를 받아 본 적도 없다. 우리 집은 물론 처가 역시 일가친척을 통틀어 예수를 믿는 사람이 단 한 명도 없었다. 나는 독실한 불교 집안 7남매 가운데 장남이고, 아내는 철저한 유교 집안 6남매 가운데 막내 딸이다. 그랬던 우리 부부를 하나님이 택하여 인도하시고 오늘날까지 은혜 가운데 살게 하시니 감사할 따름이다.

나와 아내는 동갑내기다. 우리 인연은 고등학교 1차 시험에서 낙방한 아내가 2차 시험을 앞둔 시점에 내게 수학을 배우면서 시작되었다. 친구가 "사촌 여동생 수학 성적 좀 올려달라"고 해서 당시 눈이 초롱초롱하고 깡마른 소녀를 한 달간 가르쳤다. 무난히 2차 시험에 합격한 그녀와 더는 만날 일이 없을 줄 알았다.

6개월 후엔가, 길을 가다가 우연히 그녀를 다시 만났다. 아내는 꽃무늬 원피스에 꽃무늬 양산을 쓰고 있었다. 입시 스트레스가 사라져서였는지 키가 훌쩍 자란 데다 성숙미까지 물씬 풍겼다. 그때부터 종종 만나다가 열여덟 살 때 "나는 스물여섯 살 되면 너와 결혼할 거다"라고 선포했다. 나를 친구로만 생각했던 아내는 더 이상 만나지 말자고 했다. 예쁜 데다가 밝고 상냥한 성격에 센스까지 넘치는 아내에게 여자친구는 물론 남자친구도 많을 때였다.

오로지 한 여자만 바라보는 나에게 친구들은 "멀쩡하게 생긴 네가 왜 그렇게 그 여자에게 목을 매는지 모르겠다"며 헤어지라고 종용했다. 그런 친구들에게 이렇게 말했다.

"사나이가 좋아하는 사람이 생겼는데 그 마음 하나 못 잡으면 내 인생이 뭐가 되겠냐."

결국 우리는 내가 말한 대로 스물여섯에 결혼했다. 아내는 돈과 명예를 가진 사람을 만나 봤지만 중요한 건 진실이라는 점을 깨달았다며, 11년 동안 변함없이 자신을 사랑하는 마음과 신실함을 높이 샀다고 말했다.

우리 부부는 요즘도 눈이 오는 날이면 창밖을 바라보며 어릴 적 이야기를 하곤 한다. 어느 날 아내가 옛날을 추억하면서 말했다.

"그때 만나던 남자들을 내가 다 거절했는데, 그 사람은 먼저 소식을 끊었어요. 왠지 내가 차인 느낌이 들더라고요."

그제야 내가 이실직고했다.

"사실은 내가 그 친구를 다방으로 불러내서 당신과 한 번만 더 만나거나 연락하면 내 손에 죽는다고 했지요."

당시 아내를 쫓아다니는 남자들을 내가 몰래 만나 더는 접근하지 못하도록 막은 일이 여러 차례 있었다. 아마 그중 한 사람이 었을 거다.

어쨌든 어린 시절에 만난 우리는 추억할 일이 많아 할 얘기가 넘친다. 부부가 나이 들면 점점 대화가 없어진다는데 감사한 일이다.

●● 약혼은 하나님 앞에서 해야지

내가 미국 이민을 온 것은 순전히 부모님의 결정 때문이었다. 어린 시절 우리 집은 아버지가 양조장과 자동차 부속품 가게, 운수업까지 운영해 경제적으로 넉넉한 편이었다. 그런데 사고 배상을 해주면서 사업 규모가 줄어들자 부모님이 미국 이민을 결정했다. 부모님이 여동생 셋과 남동생을 데리고 먼저 떠났고 나는 나이 탓에 1974년 12월에 초청받았다.

미국에 오기 2주 전, 지금의 아내와 약혼을 하기로 결심했다. 우리 집과 그리 멀지 않은 삼덕성당에 전화해서 신부님에게 약혼식 주례를 부탁했다. 신부님은 몇 가지 질문 끝에 내가 천주교인이 아니라는 걸 알고 안 된다고 말했다. 종교에 대해 전혀 몰랐던 나는 자기네 교인만 챙기는 이기주의자라는 생각에 "나는 그런 하나님은 안 믿을랍니다"라고 볼멘소리를 했다. 전화를 끊으려는데 신부님이 다급하게 "청년, 청년!"하고 부르더니 성당으로 오라고 했다.

성당에 가자 40대 초반 정도 되는 주임 신부님이 "천주교인도 아닌데 어떻게 성당에서 약혼식 올릴 생각을 했습니까?" 하고 물었다.

"제가 곧 미국 이민을 가는데 사랑하는 사람에게 뭔가 확실한 약속을 하고 싶습니다. 어쩐지 중요한 서약은 하나님 앞에서 해야 한다는 생각이 들었습니다."

내 말을 들은 신부님이 약혼식 날 중인 두 명과 함께 오라고 했다.

아내와 나는 시키는 대로 중인을 대동해 12월 14일 저녁 7시 30분에 성당으로 향했다. 어마어마하게 큰 성당에 불이 환하게 켜져 있었다. 우리 일행은 구석에 앉아서 "오늘 무슨 행사가 있나 보다"라며 두런거렸다. 조금 있으니 몇십 명의 수녀들이 촛불을 들고 들어왔고 연이어 신부님 몇 분이 등장했다. 그러더니 우리에게 올라오라고 했다. 우리를 위해 그 많은 분이 모였다는 사실에 놀라움과 감동이 밀려왔다. 가운을 입고 경건하게 우리를 맞이하는 모습에 가슴이 먹먹해졌다. 약혼식 순서는 잘 기억나지 않지만 그날의 감동만은 아직도 생생하다. 그분들의 사랑과 배려를 귀하게 여기며 항상 고맙게 생각하고 있다.

3년 후 결혼을 위해 귀국하여 조니워커 한 박스를 들고 삼덕성당을 찾았다. 그런데 그때 주례를 맡아 주었던 신부님은 다른 성당으로 옮기고 안 계셨다. 섭섭함을 금할 길 없었다. 대신 그 술은 모교인 경북사대부고 선생님들에게 선물로 드렸다. 1970년대에 조니워커가 귀한 술이어서 선생님들이 좋아하셨던 기억이 난다.

●● 실크 드레스는 온데간데없고

약혼하고 2주만인 12월 27일에 미국으로 향했다. 미국에 와서 몇 달 후 갑자기 몸이 좋지 않아 병원을 찾았는데, 뜻밖에도 폐결핵이었다. 힘든 학업에 약혼녀를 데려오려면 빨리 자리 잡아야 한다는 스트레스가 겹쳐 발병한 것 같았다.

병원에 입원한 지 5개월이 지나도 호전되지 않았다. 구급차를 타고 온 흑인도 3개월 만에 완쾌되어 퇴원하는데, 병원까지 걸어와서 입원수속 밟은 나는 영 차도가 없었다. 의사들도 이상하다며 고개를 갸우뚱거리더니 신약을 투여하자고 했다. 새로운 스트렙토마이신이었는데 한 번 투약하면 두 시간 동안 온몸에 경련이 일어났다. 몸에 땀이 많이 나면서 힘이 빠져 누워 있기만 했다. 음식을 먹어도 통 맛이 없었다.

죽을지도 모른다는 두려움과 함께 '20대에도 죽을 수 있구나. 인생은 아무것도 아니구나'라는 생각이 몰려왔다. '죽고 나면 어떻게 되는 걸까?' 하는 의문이 들었지만 죽음에 관해 알 길이 없었다. 불교의 윤회설을 생각해 봤지만 믿어지지 않았다. 인생에 대해 제아무리 생각해 봐도 답을 알 수 없는 두렵고 답답한 시간이었다.

다행히 약이 잘 맞아서 5개월 만에 퇴원했다. 그 후 버지니아로 이사하신 부모님을 따라 나도 학교를 옮기고 전공을 바꿔 회계학을 공부했다. 투자이민 제도가 없었던 1970년대에 한국에서 갖고 나갈 수 있는 외화는 가족당 3,000달러였다. 당시 이민자들은 누구나 고생을 많이 했다. 아버지는 중장비 정비 일을 하고 어머니는 호텔 메이드로 취직했다. 부모님은 생전 해본 적 없는 노동을 하며 힘들게 생활했다. 넉넉지 않은 형편에 나도 아르바이트를 하며 공부했다.

약혼식을 할 때 1년이면 아내를 미국으로 초청할 수 있을 줄 알았다. 하지만 상황이 여의치 않았다. 내가 할 수 있는 유일한 일은 한국에 전화하는 것이었다. 당시 국제전화 요금이 매우 비쌌는데, 너무 자주 통화해서 한 달 요금이 800달러가 나왔다. 한 달 내내 일하고 받는 돈이 400달러였으니 당연히 연락을 계속할 수 없었다. 통화 횟수를 줄이는 대신 내용이 다 보이는 한 장짜리 항공 우편엽서에 편지를 써서 아내의 직장으로 매일 보냈다.

우리는 드디어 1977년 6월 26일 한국에서 결혼식을 올렸다. 한국 나이로 26세, 8년 전 아내에게 선포한 딱 그 나이에 결혼했다. 당시 아내의 큰오빠가 뉴욕에 살고 있었다. 1960년대에 이민 와서 사업을 한 큰오빠는 뉴저지 한인회장을 지낸 인물이다. 잘사는 큰오빠만 봐 왔던지라 아내는 미국에 가면 파티만 하는 줄 알았다고 한다. 한국에 살 때 최고급을 즐겼던 아내는 파티를 위해 실크 의상을 잔뜩 챙겨 왔다. 그 옷을 입을 기회를 많이 못 준 것 같아 두고두고 미안하다.

아내는 비행기를 타고 오는 내내 내가 3년 동안 쓴 일기를 눈물로 읽었다고 한다. 미국 오기 전 모든 책을 가장 가까운 친구에게 줬는데 일기장이 거기 끼어 있었던 모양이다. 그 친구가 일기장은 도저히 자기가 가질 수 없다며 아내에게 주었단다. 그 일기 속에 실로 파란만장했던 우리의 연애 이야기가 다 기록되어 있었다. 사실은 나의 분투기라고 할 수 있다. 아내 따라다니는 남자들을 퇴치한 일, 통금에 걸려 고생했던 일, 별별 재미있는 사연들이 다 담겼다. 나중에 딸 에스더가 그 일기를 읽었는데, 우리 얘기로 연애소설을 써 보겠다고 해서 기대가 크다.

●● 교회에 데려다 줘요

1978년 아내가 미국에 왔을 때 나는 학생이었다. 그래도 월세 아파트와 자동차는 준비되어 있었다. 다만 아파트 입주가 한 달 반 후에야 가능했기 때문에 그동안만 부모님과 함께 지내기로 했다.

6남매의 막내딸로 집안에서 사랑을 듬뿍 받고 자란 아내는 시댁에서 반바지를 입고 다닐 정도로 거리낌이 없었다. 장남을 남편보다 더 좋아했던 어머니는 아들이 끔찍이 사랑하는 며느리가 못마땅했다. 자기 의견을 딱 부러지게 표현하는 며느리에게 어머니는 잔소리를 퍼부으셨다. 손에 물 한 번 묻히지 않고 곱게 자란 아내가 시부모와 시누이 뒷바라지를 하고 주말이면 학생 남편과 아르바이트까지 해야 했으니 안쓰럽기 그지없었다.

오직 나 하나 보고 미국에 온 아내는 시어머니와 갈등이 생기자 힘들어했다. 반대하는 결혼을 했으니 친정 부모님께 하소연할 수도 없었다. 뉴욕에 있는 큰오빠에게 고생하는 얘기를 하려니 자존심이 상해 아내의 마음이 곪아 갔다.

한 달 반 후 우리는 아파트에 입주했다. 어머니와는 떨어져 지냈지만 힘든 일들은 여전히 있었다. 일단은 경제적인 어려움이었다. 내가 학비를 벌면서 공부하고 있었기 때문에 우리 가정에는 늘 돈이 부족했다. 주변에서 빌려 아파트 월세를 먼저 내고 돈을 벌면 갚았다. 나는 새벽에 워싱턴D.C.에 일하러 나갔다가 학교로 바로 가서 밤 11시에나 돌아왔다.

아내는 말도 잘 통하지 않는 미국에서 시어머니와의 불화에다 남편까지 제대로 볼 수 없는 상황이 계속되자 이혼을 요구했다. 절대로 안 된다는 나에게 아내가 그럼 교회에 데려다 달라고 부탁했다. 갑작스러운 부탁에 의아했지만 아내에게 숨 쉴 공간이 필요하다는 생각에 고개를 끄덕였다.

여담이지만, 독실한 불교 신자였던 어머니는 매주 절에 나가 불공을 드렸다. 미국에도 절이 있다는 사실이 신기했다.

아내가 다니던 교회는 노년층이 대부분인 장로교회였다. 그런데 어느 날 순복음교회 부흥회에 참석하더니 성령의 음성을 듣고 방언이 터져 나왔다. 그 뒤로 아내의 신앙이 뜨겁게 변모했다. 믿음 생활을 하면서 예전의 밝음을 되찾았다. 상냥하고 애교 많은 아내는 천성적으로 부지런해 잠시도 쉬지 않고 쓸고 닦아 집 안이 늘 반짝반짝했다. 부모님 댁도 매일 방문해 어머니의 일을 거들었다.

우리는 매주 토요일마다 둘이 나가 아침 8시부터 오후 5시까지 부잣집 청소 아르바이트를 했다. 휠체어를 타는 백인 집주인은 시인이었는데 혼자 살면서 개 두 마리와 고양이 두 마리를 키웠다. 일주일 동안 음식을 먹고 식탁에 올려놓은 그릇을 씻고 와이셔츠 수십 벌을 세탁해 다림질했다. 개와 고양이 털이 그득한 양탄자까지 깨끗이 청소하고 35달러와 팁 2달러를 받았다.

아내는 만삭이 되어서도 그 일을 계속했다. 그렇게 둘이서 열심히 일해 번 돈으로 일주일 먹을 식료품을 샀다. 그런 상황 가운데서도 우리 부부는 한 번도 힘들다는 생각을 하지 않았다. 사랑하는 데다 젊고 희망이 있었기 때문이다. "채소를 먹으며 서로 사랑하는 것이 살진 소를 먹으며 서로 미워하는 것보다 나으니라"(잠 15:17)는 말씀에 딱 들어맞는 상황이었다.

●● 설교는 15분만 하세요

일요일이면 어머니를 절에 모셔다드리고 곧바로 아내를 교회에 데려다주었다. 나는 아내를 교회에 내려 준 뒤 집에 돌아와 쉬다가 예배가 끝날 때쯤 다시 가서 데려왔다. 점차 오가는 게 귀찮아 주차장에서 기다렸다. 기다리기 지루해 교회당 안을 들여다보기도 했다. 가운을 입은 목사님이 높은 데 서서 거룩한 목소리로 설교하는데, 전체 80여 명 가운데 앞에 두 줄 정도만 듣고 나머지는 꾸벅꾸벅 졸고 있었다. 그런데도 목사님은 아랑곳

하지 않고 설교를 길게 했다.

목사님이 우리 집에 심방 왔을 때 일이다. 나는 기회를 봐서 목사님에게 "교회에 사람들이 별로 없던데 왜 그런지 아십니까?"라고 물었다. 목사님이 고개를 갸우뚱거리자 내가 이렇게 말했다.

"목사님은 6일 동안 실컷 놀다가 일요일 하루 설교하니까 신이 나겠지만 다른 사람들은 6일 동안 뼈 빠지게 일하다가 교회 왔으니 얼마나 힘들겠어요. 목사님이 설교를 50분이나 하니 잠이 오지요. 15분만 하세요. 그러면 사람들이 많이 나올 겁니다."

그러자 목사님이 "네네"라고 답했다. 그때는 내가 적절한 충고를 했다고 생각했지만 나중에 그 일을 떠올리니 얼굴이 화끈거렸다.

내가 목사가 된 후에 우리 교회 부목사님이 청빙받아 간 교회에서 내게 설교와 권면의 말씀을 해 달라고 부탁했다. 그날 강단에 올라갔는데, 내가 철모를 때 충고했던 그 목사님이 맨 앞에 앉아 있었다. 예전 일이 떠올라 죄송하고 낯 뜨거워 설교할 수가 없었다. 강대상에서 정식으로 고개 숙여 목사님께 "죄송했습니다"라고 하니 오히려 나에게 "목사가 되시다니, 기적입니다. 그렇지 않아도 소식 듣고 기뻤습니다"라고 격려해 주었다.

●● 건축헌금 천 달러

아내를 교회에 데려다주다가 어느 날부터인가 지루하기도 하고 호기심도 생겨서 교회 안까지 따라 들어갔다. 처음에는 슬그머니 안에 들어가 뒤에 앉아 있었다. 한 1년쯤 지난 뒤에는 아내 옆에 앉아 설교를 듣기 시작했다. 시집살이에 마음 상한 아내가 교회에서 위로받는 게 다행스러웠을 뿐 믿음은 전혀 없었다.

어느 날 교회에 다녀온 아내의 얼굴에 수심이 가득했다. 무슨 일이냐고 묻자 망설이던 아내가 하는 말이, 기도하는데 '너에게 아들을 주겠으니 건축헌금 1,000달러를 하라'는 하나님의 음성을 들었다고 했다. 하나님 음성을 들었다는 것도 이해가 안 되지만, 그 내용도 말이 안 됐다. 194달러짜리 월세 아파트에 사는 우리에게 1,000달러는 너무도 큰돈이었다. 요즘 렌트비로 계산하면 1만 달러 정도 되는 액수였다. 그 무렵 내 통장에는 200달러 정도밖에 없었다.

게다가 당시 딸을 키우고 있던 우리 부부는 힘든 이민 생활에 더 이상 아이를 낳지 않기로 약속했다. 그런 상황에서 아내가 아들을 주겠다는 음성을 들었다니 어처구니가 없었다. 아내에게 학생이 무슨 그런 큰돈이 있느냐고, 말도 안 되는 소리 하지 말라고 일축했다. 그런데 날이 갈수록 아내의 얼굴이 어두워져 갔다. 고민 끝에 친구에게 800달러를 빌리고 은행에서 200달러를 찾아 아내에게 1,000달러를 건넸다.

당시 아내가 다니던 교회는 미국교회를 빌려 예배드리고 있었다. 아내가 무명으로 1,000달러를 헌금하자 목사님이 "우리는 건축에 대해 생각도 안 해봤는데 건축헌금이 올라왔네요. 하나님이 건축을 하라고 하시는 겁니다"라고 공표했다. 그 교회는 그때부터 본격적으로 건축을 계획했고, 그때 지은 건물에서 지금까지 예배드리고 있다.

점점 더 뜨겁게 신앙생활을 한 아내가 하나님의 약속 덕분인지 정말 아들을 낳았다. 나는 아내가 좋아하니 교회는 따라 나갔지만, 도무지 믿음이 생기지 않았다. 아내는 날마다 기쁘게 예배드리는데 나는 그저 심심해서 교회 안에 앉아 있는 정도였다.

chapter 2

잘 나가던 사업가를
하나님이 찾아오셨습니다

●● 아메리칸 드림이 현실로

1980년에 회계사무실을 열었다. 당시 한인들이 많지 않아 고객의 60퍼센트가 미국인이었다. 회계사무실 수입이 얼마 되지 않아 항공 티켓 판매를 병행했다. 〈워싱턴포스트〉에 광고를 내고 미국 여행사에 대한항공과 노스웨스트항공의 티켓을 판매했다. 뉴욕에서 도매로 구입해서 팔았는데 몇 년 후 워싱턴 한인 여행사 TOP2에 오를 정도로 성장했다.

영세업을 하는 한인 고객이 늘어나면서 회계사무실이 점차 자리를 잡아 나갔다. 나는 가능한 한 저렴한 가격에 회계 업무를 처리해 주었다. 사업이 부진한 분이나 목회자는 비용을 받지 않았는데, 고맙다며 올 때마다 뭘 사 들고 왔다. 그래서 서류 값으로 20달러씩 일률적으로 받았다. 최소 비용으로 업무 처리를 해준 것이다. 세금보고서를 수기로 작성하여 타자기를 쳐서 프린트하는 방식으로 일하던 때였다.

지방 출장이 중요한 수입원 가운데 하나였다. 당시 회계법인이 많지 않아 지방 자영업자들은 큰 도시의 한인 회계사무실까지 와야 하는 어려움이 있었다. 그래서 내가 그들을 찾아가기로 한 것이다. 10~20명의 세금 관련 자료를 받아 와서 주중에 회계 업무를 처리해 우편으로 보내 주었다. 지방에 한 번 다녀오면 3~5,000달러를 벌었으니 상당히 큰 금액이었다.

1985년에 부동산중개사 자격증을 따고 부동산중개업도 시작했다. 고객들이 회계 상담을 하면서 나에게 자주 집 구매에 대한 조언을 구해 아예 자격증을 딴 것이다. 아내가 부동산 업무를 많이 도와주었다. 그즈음 집과 자동차보험을 취급하는 종합보험회사도 설립했다. 하는 일마다 성업을 이루는 나에게 사람들은 "아메리칸 드림을 이뤘다"고 입을 모았다

●● 예수가 너를 위해 죽었다

한번은 주일 오후 소파에서 선잠을 자고 있는데 갑자기 어두운 구름이 내게로 몰려왔다. 두려움이 엄습해 고함을 지르려 해도 소리가 나오지 않았다. 무언가에 목이 짓눌려 온몸이 마비되는 것 같았다. 가위에 눌렸다는 걸 알았다. 그런데도 깨어날 수가 없었다. 순간적으로 '먹구름은 사탄이 주는 죽음이다'라는 생각이 들면서 "하나님, 이제 절에는 절대 가지 않겠습니다"라는 말이 튀어나왔다.

두 번 연이어 기도하자 짓눌림이 사라지면서 몸에 온기가 돌았

다. 위기에서 벗어났다는 느낌이 들자 슬며시 '내가 절에 안 간다고 했지, 교회 간다는 약속은 안 했잖아' 하는 생각이 들었다.

아내는 성령세례를 받고 방언으로 기도하며 뜨겁게 신앙생활을 했다. 몇 년이 지나서는 부구역장을 맡았다. 나는 엉겁결에 집사가 되었다. 아내는 모든 면에서 모범적인 신앙생활을 했지만 나는 뜨뜻미지근한 상태였다.

그러던 중 이사를 가게 되어 안디옥침례교회로 출석했다. 교회에 드나든 지 10년 정도 되니 나도 아내처럼 진짜로 하나님을 믿고 싶었다. 그럼에도 내게 하나님은 성경책에 기록되어 있는 분에 불과했다. 죄 없는 예수 그리스도가 날 위해서 고통스럽게 죽었다는 사실이 도저히 납득되지 않았다.

'내가 무슨 죽을죄를 지었길래 나 때문에 누가 죽는단 말인가. 나는 나름대로 양심껏 살았는데…….'

이런 생각만 들었다. 죄에 대한 설교를 들어도 이해가 안 되니 예수님의 십자가 사건은 나와 상관이 없었다. 믿음 없이 교회를 드나드는 일이 오래 이어지니 진력이 났다. 더 이상 교회에 드나드는 건 무의미하다는 생각이 들었다. 교회에 있으면 '내가 왜 여기에 있지'라는 생각이 들고, 골프를 치거나 집에 혼자 있으면 '가족들은 교회에 갔는데 나는 왜 이러고 있나' 하는 생각에 마음이 불편했다. 아내 따라, 그저 친목 삼아 교회 다니는 일을 더 이상 하고 싶지 않았다. 뭔가 결단이 필요했다. 더 이상 흐지부지 중간에 낀 채로 있지 말고 교회를 떠나기로 결심했다.

당시 안디옥침례교회의 담임이셨던 안병국 목사님을 찾아갔다. "성경 말씀이 도무지 믿어지지 않습니다. 다음 주부터 나오지 않겠습니다"라고 내 심중을 밝히자 안 목사님은 "임 집사님, 그냥 떠나지 말고 기도해 보고 결정하세요"라고 간곡히 당부했다. 연로한 목사님의 말씀을 거역할 수 없어 순종하기로 했다.

마침 부흥회가 40일 남았기에 아내와 함께 40일 작정 새벽기도를 드리기로 하고 교회 열쇠를 받아 왔다. 마지막이라고 생각하여 하루도 빠짐없이 새벽기도회에 나갔다. 39일 동안 아무 일도 일어나지 않았다. 그런데 40일째 되는 날, 부흥강사 목사님이 "안수기도를 원하는 사람은 앞으로 나오라"고 했다. 50여 명이 강대상 위에 올라가 무릎을 꿇었다. 나는 안수기도 차례를 기다리며 이런 기도를 드렸다.

"하나님, 다른 사람들이 방언을 하던데 저 목사님이 나를 안수할 때 내게도 방언이 터지게 해주세요. 그러면 하나님이 살아 계신 것을 확신하고 믿겠습니다."

많은 사람의 머리를 탁탁 치며 다가오던 강사 목사님이 내 머리에 손을 올리는 순간 갑자기 환상이 보였다. 하늘 문이 열리며 회오리바람 속으로 내 몸이 떨어지는 것이었다. 나도 모르게 고함을 쳤다. 그때 또렷하게 들리는 소리가 있었다.

"예수가 너를 위해 죽었다. 예수가 너를 위해 죽었다."

그 소리를 듣는 순간 '예수님을 부인한 건 죄'라는 사실이 깨달아지면서 통곡이 터져 나왔다. 살면서 그렇게 울어 본 건 처음이었다. 강대상 카펫이 다 젖을 정도로 울면서 데굴데굴 굴렀다. 정신을 차려 보니 교회 안에 나 혼자뿐이었다. 엉금엉금 기어서 밖에 나오니 세상이 완전히 달라져 있었다. 이전의 하늘이 아니었고 나무도 풀도 바람도 다 새롭게 보였다. 밖에서 기다리던 성도들이 내가 40분 동안이나 울었다고 말해 주었다.

그렇게 나는 1989년 9월 17일, 서른일곱 나이에 하나님의 음성을 듣고 완전히 뒤집혔다. 9월 17일을 나의 영적 생일로 삼고 그날의 감격을 늘 되새긴다.

●● 전도하는 사장님

그날부터 매일 울었다. 얼마나 울었던지 눈 주위가 짓무를 정도였다. 예수라는 글자만 봐도 눈물이 나왔다. 설교를 들어도, 찬송을 불러도, 기도만 해도 눈물이 줄줄 흘렀다. '나 같은 자를 하나님이 기억하고 계셨구나' 하는 감사의 마음과 함께 예수님의 십자가 사건이 날 위한 것임을 확실히 깨달았다.

성경 말씀이 그대로 가슴에 와서 박혔다. 아내가 오병이어 기적을 말하면 "떡 덩어리가 바위 만큼 컸겠지요"라고 대꾸하고 예수님이 물 위를 걸었다고 하면 "물신을 신었겠지요"라고 핀잔을 줬던 나였는데, 성경의 모든 말씀이 그대로 믿어졌다. 더욱이 성경을 읽으면 누가 옆에서 설명해 주는 것처럼 귀에 쏙쏙 들어왔다. 성경 말씀이 재미있고 은혜가 되어 잠을 잘 수가 없을 지경이었다. 그래서 잠든 아내를 깨워 "여보, 이 말씀 좀 봐요. 우리에게 하시는 말씀이에요"라고 말하곤 했다.

말씀을 읽을 때면 그대로 살고 싶었다. "마음이 청결한 자는 하나님을 본다고 했는데, 주여! 부디 이 혼탁한 마음을 청결케 해주시어 주님을 매 순간 보게 해주소서"라고 간절히 기도했다. 돌이켜 보면 그때 내 마음이 가장 깨끗하고 청결했던 것 같다.

한번은 아내가 은혜를 체험한 나에게 이런 제안을 했다.

"수요일 저녁은 사무실 문을 닫고 수요예배에 참석하고, 토요일 오후에도 일찍 문 닫고 구역 예배에 갑시다."

아내의 권고로 그 주간부터 수요일 오후 5시에 문을 닫고 예배에 참석했다. 세금 보고 기간인 1월 말부터 4월 15일까지는 밤을 새야 할 정도로 일이 몰렸지만, 토요일 오후에는 문을 닫았고, 주일에는 교회에 갔다. 그러다 보니 주일마다 지방에서 몇천 달러씩 벌어 오던 수입이 사라졌다. 그러나 예배 참석을 우선시했다.

그러던 어느 날 뉴욕에서 아는 분이 나를 찾아와 융자회사를 해보라고 권유했다. 뉴욕의 보험회사나 은행 업무를 대행해 주는 사업이었다. 돈 빌려주는 곳이 도매업(wholesale)이라면, 융자회사는 소매업(retail)이다. 즉 소매로 소비자에게 수수료를 받는 일이다. 그분의 상세한 코치 아래 융자회사를 설립하자마자 사업이 불티나게 잘됐다. 나중에는 직원만 서른세 명까지 늘어날 정도로 커졌다. 성과급 제도를 실시했는데, 연봉 25만 달러를 받는 직원이 배출될 정도였다.

매주 월요일 아침 8시 30분에 직원 예배를 드렸다. 자율적으로 참석하되 예배 시간 30분에 대한 페이를 지급했다. 어느 순간부터 크리스천이 아닌 직원들도 슬그머니 끼어 앉아 예배드리기 시작했다. 한번은 이런 일도 있었다. 회계사무소에 새 직원을 뽑았는데, 버지니아대학교(UVA) 출신에 실력 있고 똑똑한 여성이었다. 처음 그녀는 일찍 출근하면서도 예배에 참석하지 않았다. 3개월이 지나서야 예배에 참석하더니 이런 말을 했다.

"우리 가족은 처음에 L.A.로 이민 왔는데, 안수집사라는 분이 친절하게 대해 주어 그분을 믿고 투자했다가 재산의 반을 잃어버렸어요. 그곳은 살 곳이 못 된다고 생각해 동부로 이사를 왔는데, 여기 와서도 장로라는 사람한테 사기를 당해 남은 재산을 다 날렸어요. 좋은 직장이라고 해서 입사했는데 사장이 교회에 다녀 잘못 걸렸구나, 그만둘까, 고민이 많았어요. 3개월을 지켜보니 사장님은 믿어도 될 것 같아 예배에 참석했습니다."

그 후 그녀는 우리 회사에 오랫동안 근무하면서 의사와 결혼해 믿음 안에서 잘살고 있다. 나의 잘못된 행동이 자칫 전도의 문을 막는 건 아닌지 잘 생각해 보는 계기가 되었다.

●● 돈보다 말씀이 먼저

목사가 되기 전 나는 회계사무소, 여행사, 부동산중개소, 종합보험회사, 융자회사까지 모두 다섯 개의 회사를 경영했다. 2층짜리 빌딩 두 개를 사서 그 사이를 오가며 바쁘게 일했다. 사업은 모두 불 일 듯 잘 되었다. '임용우가 돈을 갈고리로 긁는다'는 소문이 파다할 정도였다. 실제로 들어오는 돈을 금고 서랍에 계속 집어넣었는데, 서랍 뒤로 수표가 수북이 넘어가 있는 걸 몇 달 후에야 발견한 일도 있다. 어떤 고객들은 고등학생인 자신들의 자녀를 데려와서 나에게 "회계사가 되라고 말해 달라"고 부탁하기도 했다.

우리 회사가 사업을 잘한다는 소문을 듣고 돈을 맡기러 오는 사람들도 생겨났다. 30만 달러, 40만 달러를 들고 와서 이자를 받아달라고 부탁했다. 집을 담보로 은행에서 2차 대출을 받으면 더는 대출이 힘들어진다. 그런 사람들에게 우리 융자회사가 제2금융권 역할을 하면서 은행보다 높은 이자를 받았다. 당시 은행 이자가 10퍼센트 정도였는데 우리는 18퍼센트를 받았다. 위험부담이 있으니 이자가 높은 건 당연하다고 생각했다. 사채보다 훨씬 조건이 좋은 우리 회사에서 대출을 받기 위해 사람들이 줄을 섰다.

어느 날 "중한 변리로 자기 재산을 늘리는 것은 가난한 사람을 불쌍히 여기는 자를 위해 그 재산을 저축하는 것이니라"(잠 28:8)라는 말씀을 읽다가 깜짝 놀랐다. 즉시 이자를 은행과 동률로 낮추었다. 사람들은 다른 데서 빌릴 수 없는 돈을 우리 회사에서 융통받으니 그것만으로도 감사했지만, 더 이상 높은 이자를 받을 수 없었다. 그 후 원금을 다 회수하여 맡긴 사람들에게 돌려주고 제2금융권 업무를 중단했다.

그러나 여전히 돈이 필요한 사람이 많았다. 그런 사람들에게 어떻게든 도움을 주고 싶었다. 그래서 구상한 것이 크리스천 뱅크였다. 탄탄한 은행을 만들어 적은 이자로 누구든 쉽게 돈을 빌릴 수 있는 시스템 구축 계획을 세웠다. 청사진을 다 만들고 투자자들까지 준비되었다. 사무실로 쓸 적당한 건물을 보러 다닐 무렵 하나님이 목회의 길로 부르셔서 실행에 옮기지 못했다. 목사가 되지 않았다면 아마도 지금쯤 은행을 경영하고 있지 않았을까.

●● 전도로 활용된 비즈니스 감각

평신도 시절 아내는 늘 "남편이 스데반과 빌립처럼 믿음 좋은 집사가 되게 해주세요. 우리 교회에서 제일 십일조 헌금 많이 하게 해주세요"라고 기도했다. 당시 우리 교회에는 의사와 사업가를 비롯한 내로라하는 분이 많았다. 그런데 아내의 기도 덕분인지, 하나님의 은혜로 사업 영역이 넓어지면서 내가 가장 많은 십일조를 드리게 됐다.

나는 미리 십일조를 많이 드리기도 했다. 그러면 아내는 "왜 수입보다 십일조를 더 드려요? 그것도 교만이에요"라고 말했다. 그럴 때면 "연말에 세금 계산할 때 봅시다"라고 했는데 나중에 미리 십일조 드린 액수가 정확하게 수입으로 들어온 것을 확인하곤 했다. 그때의 경험을 살려 아내는 목사 사모가 된 후에 여성도들에게 이렇게 말한다.

"처음에는 여자가 믿음이 좋지만 뒤늦게 믿은 남편 못 따라갑니다. 여자 믿음은 좁쌀 믿음이고 남편은 호박 믿음이에요. 좁쌀이 열 바퀴 굴러도 호박이 한 바퀴 구르는 것 못 따라갑니다."

성도들 가운데 남편 흉을 보는 부인이 있으면 아내는 단호하게 말한다.

"가정은 여자가 세웁니다. 그러니 집안일은 아내의 문제에요. 그러나 아내가 달라지면 남편이 바뀝니다."

아내가 이런 말을 하니 우리 교회 남성들은 부부 싸움이 나면 "사모님한테 가자"고 말한다.

아내는 비즈니스 감각도 남다르다. 사업할 당시 나는 다섯 개 사업체 말고도 중국 식당, 샌드위치와 음료를 파는 델리 숍, 매거진과 약품을 비롯해 다양한 물건을 파는 컨비니언 스토어(편의점), 세탁소, 베이글 스토어, 슈퍼마켓 등 여러 개의 가게를 운영했다. 좋은 가게가 나면 매니저나 형제들에게 운영을 맡겼고 전체적인 관리는 아내가 맡았다.

아내가 가게 관리를 맡게 된 이유가 있다. 회계사무실 초창기, 수입이 많지 않던 시절의 일이다. 둘째 아이를 낳고 마침 장모님이 미국에 오셔서 아이들을 돌봐 주신 덕분에 아내가 우리 고객이 운영하던 델리 숍에서 일을 시작했다. 델리는 드링크 종류만 해도 수십 가지인 데다 사이즈도 라지, 미디움, 스몰까지 세 가지나 되니 적응이 쉽지 않았다. 영어가 서툴렀던 아내는 특유의 순발력으로 첫날부터 음료수 종류를 다 섭렵했다. 둘째 날은 샌드위

치 만드는 사람들 옆에서 재료를 탁탁 집어 주기까지 했다. BLT
가 베이컨, 레터스, 토마토라는 걸 눈치채고 주문이 들어오면 바
로바로 재료를 집어 주니 직원들이 신기해했다.

아내가 맡은 일을 열심히 하면서 남까지 돕는 모습을 보고 델
리 숍 주인이 매장 오픈을 해보라고 권했다. 그래서 아내와 아내
친구가 각각 1만 5,000달러를 마련해 델리 숍을 개업했다. 가게
인테리어를 깨끗하게 하고, 새로운 메뉴를 개발하고, 친절과 청
결을 원칙으로 경영 혁신을 단행했다. 그러자 150달러 하던 하루
매상이 800달러까지 올랐다.

아내는 잘될 것 같은 가게를 금방 알아봤다. 장소는 좋은데 잘
안되는 가게가 있으면 바로 매입했다. 매상이 형편없는 베이글
가게를 시세보다 1만 달러를 더 주고 매입해 깔끔하게 단장했
다. 메뉴 보드를 세련되게 바꾸고 직원들에게 예쁜 앞치마와 모
자를 씌웠다.

그 무렵 아내의 언니 가족이 미국으로 막 이민을 왔다. 아내는
형부에게 그 가게를 운영해 보면 어떻겠느냐고 권했다. 형부와
언니가 가게 운영 경험이 없어 주저하자 아내는 두 사람이 교회를
다니는 조건으로 6개월간 매니저로 운영해 주겠다고 약속했다.

그때 우리는 도심 외곽 1,200평 대지에 집을 짓고 살고 있던 때
라, 아내는 도심에 있는 가게에 늦지 않게 가려면 새벽 5시에 집
을 나서야 했다. 아내는 너무 힘들어서 살이 죽죽 빠졌지만, 오로
지 언니 가족을 전도하겠다는 일념으로 열심히 뛰었다.

깨끗하고 친절하고 맛있으니 가게에 손님들이 넘쳐났다. 시작할 때 하루 800달러였던 매상이 몇 개월 만에 3,800달러로 올라갔다. 35년 전 일이니 지금으로 따지만 1만 달러도 넘는 금액이다. 매상이 급상승한 이유는 델리 숍이 〈워싱턴매거진〉에 소개된 덕분이었다. 언젠가 열심히 일하고 있는데 낯선 사람이 매장 안과 밖 사진을 퍽퍽 찍기에 무슨 일인가 했는데, 알고 보니 그 사람이 워싱턴에서 가장 유명한 잡지사 기자였던 것이다.

형부는 거기서 15년 동안 가게를 운영했다. 약속대로 언니 가족은 예수를 믿기 시작했고, 형부는 장로, 언니는 권사가 되었다. 네 명의 조카는 의사, 회계사, 변호사, 학교 교장이 되었고 모두 신앙생활을 열심히 하고 있다.

아내는 사모가 된 이후에도 가게 운영 경험을 바탕으로 조금만 도와주면 일어설 수 있는 교인들을 나서서 돕고 있다.

●● 남을 돕는 기쁨

나는 말이 별로 없고 조용한 편이지만, 아내는 사람들과 잘 어울리고 말재주도 좋다. 이런 면에서 아내와 나는 정반대의 성격이지만 너무도 똑같은 부분도 있다. 한번 결정한 것은 바꾸지 않는다는 점이다. 무슨 일이든 미적대지 않고 즉각 실행하는 것도 닮았다.

하나님이 엄청나게 부어 주실 때 "하나님 저는 저축하지 않겠습

니다. 하나님이 책임져 주세요. 대신 하나님의 뜻 가운데 사용하
겠습니다"라고 기도드렸다. 50만 달러를 벌면 15만 달러 정도는
세금으로 나간다. 나머지 35만 달러의 반은 전도와 교회 일을 위
해 쓰고 나머지 반은 가족이 쓰기로 우리 둘이 의기투합했다. 그
날 이후 우리 부부는 돈 때문에 다툰 적이 한 번도 없다. 늘 대화
하는 우리 사이에 비밀이 없기 때문이다.

힘든 학생 부부 시절을 경험한 아내는 어려운 사람들의 마음을
잘 헤아린다. 사업에 바쁜 나는 아내가 다른 사람을 도울 수 있도
록 아내 통장에 늘 10만 달러를 채워 주었다. 아내가 통 크게 지
출해야 할 일이 종종 생겼기 때문이다.

1980년대 중반, 우리 사무실에 대한항공(KAL) 승무원 출신이라
는 H가 찾아왔다. 아이 하나 데리고 부부가 이민 왔는데 일자리
가 없다며 우리 여행사에 취직시켜 달라고 했다. 예수를 안 믿는
다는 얘기에 없는 자리를 만들어 출근시킨 뒤 우리 교회로 인도
했다. H의 남편은 관광 가이드였는데 일이 없는 날이 더 많았다.
장사를 해서 빨리 돈 벌고 싶다더니 덜컥 가게를 계약했다. 10만
달러에 구입한 가게가 장사가 안되면서 6만 달러로 떨어졌다. 그
제야 발을 동동 구르며 아내에게 자초지종을 털어놓았다. 아내가
지금이라도 가게를 팔라고 조언했지만 장사가 안 되어 보러 오는
사람이 없다며 울상을 지었다. 얼마나 신경을 썼는지 남편이 구
안와사로 입이 돌아가기까지 했다.

안타까워하던 아내가 그 가게를 10만 달러에 구입한 후 새롭게

단장하고 아이템을 추가했다. 교인 가운데 뽑은 매니저에게 일을 맡겨 기본급을 정한 뒤 수입에 따라 성과급을 지급했다. 나중에 장사가 너무 잘되어 투자 비용을 다 회수하고 수년 후 좋은 가격으로 매매했다. 다른 사람을 도와주면 하나님이 절대 손해 보지 않게 하신다는 걸 우리는 무수히 경험했다

그즈음 텍사스로 신학 공부하러 떠나는 어느 집사님이 7,000달러를 빌려달라고 부탁했다. 그래서 7,000달러는 빌려주고 2,000달러는 그냥 쓰시라며 드렸다. 그냥 주면 안 받을 것 같아 빌려주긴 했지만 7,000달러도 받을 생각은 없었다.

그로부터 7년 정도 지났을 때의 일이다. 당시 7,000달러가 필요해 하나님께 기도하고 있었다. 하루는 산책을 하고 들어오는데 소포가 하나 와 있었다. 열어 보니 편지 한 장과 코치 핸드백, 그리고 7,000달러 수표 한 장이 들어 있었다. 편지에는 이렇게 쓰여 있었다.

"7년 전에 빌려주신 돈을 이제야 갚습니다. 그 돈으로 공부를 잘 마쳤습니다. 정말 감사합니다. 이제 갚을 수 있는 형편이 되었습니다. 이자를 드리면 안 받으실 것 같아 사모님 쓰시면 좋을 가방을 선물로 보냅니다. 너무 감사합니다. 늘 기도드립니다."

까마득히 잊고 있던 일이 그제야 생각났다. 7,000달러가 필요한 딱 그 시간에 그 소포를 받게 해주신 하나님께 감사드렸다.

회계사로 일할 때 한 손님이 수심 가득한 얼굴로 들어왔다. 무슨 걱정이 있느냐고 물었더니 동생이 마지막 학기 등록금을 못

내 한국에 돌아갈 위기에 처했다고 했다. 등록금을 내고 학교에서 입학허가서를 발급받아야 미국에 체류할 수 있는데 학비를 못 내서 쫓겨나게 됐다는 것이었다. 얼마가 필요한지 물어봤더니 2만 3,000달러나 됐다. 상당히 큰돈이었다. 집에 돌아와서도 그 사연이 계속 마음에 남아 아내에게 얘기했더니 바로 "그 돈 우리가 줍시다"라고 했다. 그날 밤, 학생 손님 집에 찾아가 돈을 전하면서 공부 열심히 하나 봐야 하니 성적표를 보내라고 했다. 두 형제가 놀랐는지 입만 벌리고 아무 말도 하지 못했다.

시간이 지나 마지막 학기를 마친 동생이 찾아왔다. 돈을 어떻게 갚아야 할지를 물었다. 우리는 "됐습니다. 우리에게 갚지 말고 예수 잘 믿고 학생도 남을 도우세요"라고 말했다.

이런 식으로 주변 사람들을 돕고 받은 은혜는 셀 수 없다. 하나님의 은혜로 우리 부부는 신앙적으로나 물질적으로나 부족함이 없었다. 하나님은 남들에게 꾸어 줄지언정 꾸는 자가 되지 않게 해주셨다. 물질을 주신 하나님께 감사드리고, 나보다 통이 커서 남을 돕는 일에 더 적극적이었던 아내에게 고맙다.

"첫째 에스더 낳았을 때 친구들에게 돈 빌려서 분유 사 먹였잖아요. 남을 도울 수 있게 됐으니 얼마나 기뻐요."

아내는 다른 사람을 위해 지갑을 열 때 신이 나서 말하곤 했다. 하나님이 우리에게 쏟아부어 주실 때 우리 돈이 아니라고 생각하여 필요한 사람들에게 돈을 전달했다. 몇만 달러도 선뜻 빌려줬는데 세월이 지나면 어떤 방식으로든 그 돈이 되돌아왔다. 받을 생각 없이 빌려주어도 신기하게 모두 다 돌아왔다. 하나님이 하셨기에 가능한 일이다.

●● 잘돼도 안 돼도 다 하나님 뜻

매달 수입이 쏟아져 들어오니 전도를 위해 지출하는 돈이 아깝지 않았다. 사업이 잘될 때 워싱턴 사람들은 나를 만나면 "임 사장은 예전에 베푼 거 돌려받는다"고 말했다. 그러나 나는 우리가 나눴기 때문에 물질이 쏟아졌다고 생각하지 않는다. 많이 헌금하고 많이 나누면 하나님이 복을 더 주실 것으로 믿으면 기복신앙이다. 모든 것은 오로지 하나님 은혜일 뿐 다른 이유가 없다. 우리 물질은 모두 하나님 것이니 '어떻게 하면 하나님 뜻에 맞게 사용할까?'만 고민하면 된다. 내가 이 정도 바쳤으니 더 줄 것이라고 기대할 이유가 없다. 중요한 것은 세상만사가 다 하나님 뜻에 달렸다는 것이다. 그러니 잘돼도 안 돼도 다 하나님 뜻이다.

친척 가운데 고교 교사를 하다가 이민 온 가족이 있는데 미국에 와서 딱히 할 일이 없자 우리 부부에게 조언을 구했다. 당시 남자가 하기에 좋은 직종은 세탁소였다. 친척에게 3년 동안 남의 세탁소에서 일해 경험을 쌓으면 좋은 가게를 물색해 주겠다고 했다.

3년이 다 되어 갈 무렵 버지니아 부자 동네에 72만 달러짜리 가게가 나왔다. 30년 전에 72만 달러면 최상급 가게였다. 계약을 확실히 하기 위해 은행 보증수표로 계약금 5만 달러를 전달했다. 그런데 우리 측 변호사가 유럽 출장을 가야 한다며, 잔금 치르는 날을 일주일만 연기해 달라고 했다. 그랬더니 세탁소 주인이 돈을 갖고 있기 부담스럽다면서, 일주일 후에 다시 합의하자더니 5만 달러를 되돌려주었다.

일주일 후에 갑자기 회사에 급한 사안이 생겨 세탁소 주인에게 계약일을 2주 더 연기해 달라고 부탁했다. 세탁소 주인은 지금 사려는 사람이 줄을 서 있다며 화를 내더니 계약을 취소해 버렸다. 계약금 5만 달러가 전달되지 않았으니 손해 본 건 없지만, 기대에 부풀었던 친척의 실망이 컸다. 우리는 계약이 안 된 것에는 하나님의 뜻이 있다고 믿었다. "하나님 뜻에 합당하면 순적하게 이루어 주시고 만약 그렇지 않으면 마지막 순간에라도 막아 주소서"라고 기도하고 있었기 때문이다. 그러나 믿음 없는 친척은 그런 상황을 이해하지 못했다. 당연한 일이었다.

우리 고객 중 한 분이 그 세탁소를 구입했다. 정확히 6개월 후 그 가게의 낡은 보일러가 터지면서 기계를 교체하느라 15만 달러가 더 들어갔다고 했다. 설상가상 길 건너 쇼핑센터에 최신식 세탁소가 들어섰단다. 충격받은 우리 고객은 심장 쇼크로 응급실에 실려 가는 지경까지 갔다.

이 사건을 통해 전도를 위해 발 벗고 나설 때 하나님이 미리 위험을 막아 주신다는 것을 실감했다. 막힐 때는 하나님의 선한 뜻이 있다는 것도 증명하셨다. 기도했기에 하나님이 일하신 것이다.

'기도하면 있고 안 하면 없다. 기도하면 하나님 책임, 안 하면 내 책임.'

워싱턴성광교회 구호는 경험에서 비롯된 것이다. 성도들과 이 구호를 외치면서 '천국 갈 때까지 절대 잊지 말자'고 다짐한다.

그 후 친척은 좋은 가게를 얻어 10년 동안 호황 속에서 세탁소를 잘 운영했다. 다른 사람을 위해, 전도를 위해 기도할 때 하나님께서 더 좋은 걸 주시는 체험을 많이 했다. 그때부터 '나는 틀렸고 하나님은 맞았다'는 구호를 마음에 새겼다. 기도한 다음 내 생각과 다른 상황이 벌어지면 '나는 틀렸고 하나님은 맞다'를 외친다.

chapter 3

하나님을 만나다니
운수대통했습니다

●● 너가 천당 가 봤냐

독실한 불교 신자로 아내와 갈등을 빚었던 어머니는 내가 소명 받은 후 전도사가 되겠다고 하자 "네가 열 가정을 먹여 살리는데 사업을 해야지 무슨 소리냐"며 반대했다. 목회를 하고 싶으면 나중에 은퇴한 뒤 하라고 당부했다.

아내는 교회에 다니기 시작하면서부터 시댁 식구 전도에 나섰다. 그러나 우리 집안은 예수 믿기 전에 매년 제사를 열세 번이나 지냈을 정도로 만만찮은 집이었다. 이민 올 때 놋으로 된 제기부터 챙길 만큼 어머니는 철저한 불교 신자였다. 그때만 해도 우리 형편이 아주 어려웠는데 아내가 "예수님이 너무 좋아요. 같이 교회 가요"라고 하면 어머니는 "너희가 그렇게 살면서 뭘 교회 가자고 하냐"며 핀잔을 주었다. 어떤 때는 아내에게 "너가 천당 가 봤냐?"고 고함치기도 하시고, 《예수가 석가의 제자였다》라는 책을 가져와서 읽어 보라고도 했다. 아내는 어머니와 대화하다가 얼굴을 붉히고 돌아서기 일쑤였다.

아내는 "하나님, 이제부터 어머니한테 전도 안 합니다. 우리한 테 물질 주시기 전까지는 전도 안 합니다"라고 기도하더니 실제 로 어머니께 교회 가자는 말을 꺼내지 않았다. 그러다가 우리 형 편이 좋아졌을 때 아내는 어머니에게 "하나님이 잘되게 해주셨어 요"라고 하면서 다시 전도를 시작했다. 그러나 어머니는 "내가 불 공을 정성껏 드려서 네 남편이 성공한 줄 알아라"고 하셨다.

●● 아내의 눈물 젖은 전도

어느 날 어머니를 전도하던 아내가 역공을 펼쳤다.

"어머니, 다른 자식들을 위해서는 불공드리지 않으셨나요? 모든 자식을 위해 불공을 드렸을 텐데 왜 큰아들만 성공했나요?"

그러자 어머니가 아무 말도 못 했다.

"어머니, 오직 하나님만이 참 신이세요. 진짜를 믿으셔야지요. 살아 계신 하나님이 우리 믿음을 보고 우리에게 은혜를 내리신 거 예요. 어머니도 이제 하나님께 기도해서 자식들 모두 다 잘되게 기도해 주셔야 해요."

아내가 전도하면 즉각 화를 내던 어머니의 태도가 그날 이후 달 라졌다. 아내의 말을 가만히 듣고만 있었다.

사업이 잘되어 큰 집을 사기로 결정했다. 그러자 아내가 말리 고 나섰다.

"여보, 우리 집을 사기 전에 부모님 집을 먼저 사드리세요. 그래야 형제들이 믿는 사람은 다르다고 생각해서 하나님을 믿을 것 같아요."

아내의 말이 너무 고맙고 기특했다. 당장 방 다섯 개짜리 집을 매입해 부모님을 입주시켰다. 부모님은 물론 형제들도 놀랐다.

아내는 틈만 나면 부모님 댁에 가서 전도했다. 어머니는 더 이상 부정적인 말은 하지 않았지만 교회에 나오지도 않았다. 아내는 울면서 어머니에게 호소했다.

"어머니, 살아 계신 하나님을 만나셔야 해요. 교회에 나와 말씀을 들으셔야 해요. 우상을 버리고 하나님을 믿어야 천국 갈 수 있어요."

며느리의 간곡한 애원에 곧 나가겠다고 하면서도 어머니는 주일만 되면 이런저런 핑계를 댔다. 그런데도 아내는 부모님을 지극 정성으로 모셨다. 친구분들과 해외여행을 간다고 하면 부모님께 여행비도 드리고 필요한 모든 것을 사드렸다. 그렇게 정성을 다해도 부모님은 교회에 나오지 않았다.

●● 하나님이 살리십니다

어느 날 어머니가 갑자기 쓰러져 구급차가 출동했다. 병원에서 여러 검사를 했지만 이상이 없었다. 그날 이후 어머니는 쓰러져 병원에 실려 가는 일이 빈번해졌다. 하루에 세 번 실려 간 적도 있었다. 어머니가 수시로 쓰러지는 건 영적 전쟁 때문이라는 생각이 들었다. 사탄이 마지막까지 발악하면서 어머니를 붙잡고 있는 게 분명했다.

세금 보고 기간이어서 새벽 2시가 넘어 퇴근할 때였지만 40일 새벽기도를 작정했다. 어머니가 이대로 돌아가시면 평생 가슴에 한이 될 것 같아 "하나님, 우리 어머니가 반드시 예수님을 영접하고 천국 가게 해주세요!"라고 간절히 기도했다. 워낙 일이 많아 어머니를 찾아가 뵙지는 못했다. 바쁜 일만 마무리되면 기필코 어머니를 찾아가 복음을 전하겠다고 마음먹었다.

오후에 잠시 집에 가서 저녁을 먹고 나오려는데 부모님이 병원에 다녀오는 길이라며 우리 집에 들렀다. 어머니 얼굴색이 검은 데다 많이 마른 것이 병색이 완연했다. 그런 어머니를 측은하게 바라보는데 순간적으로 이대로 두어서는 안 되겠다는 생각이 들었다. 아내와 이야기를 나누고 소파에 누워 있는 어머니에게 다가갔다.

"오늘부터 저희 집에서 같이 살아요. 댁으로 가시면 안 돼요. 누구도 어머니를 못 살려요. 하나님이 살리십니다."

우리의 강권에 어머니는 그날부터 우리 집에서 지내게 되었다. 아침저녁으로 성경을 읽어 드렸는데 특히 잠언을 읽을 때면 "성경에 그런 말도 있었니? 명심보감에 나오는 말 같은데"라며 귀를 기울였다. 일주일 정도 지나 어머니가 영접기도를 따라하며 예수님을 영접했다. 다음 날 출근하면서 어머니께 다녀오겠다고 인사하자 이런 말씀을 했다.

"얘야 잠시 앉아 보아라. 꿈인지 생시인지 모르겠는데 어젯밤에 희한한 꿈을 꾸었다. 검은 옷 입은 여자 둘과 중 행색에 봇짐을 진 사람이 '이제 도를 바꾸어 더 이상 있을 수 없으니 나가자'하며 방을 나가는데 중 행색을 한 남자는 자꾸 뒤를 돌아보며 천천히 나가더구나."

그 소리를 듣고 우리 부부는 "할렐루야!"를 외쳤다. 내가 어머니에게 "귀신이 다 나간 거예요. 이제 어머니 병은 다 나았습니다"라고 말씀드렸다. 신기하게도 그날 이후 원인을 알 수 없었던 어머니의 통증과 몸이 마르는 증상이 싹 사라졌다. 어머니는 한 달 후에 완전히 건강을 회복해 3개월간 한국과 동남아 여행을 다녀왔다.

●● 우리는 운수대통한 사람들

어머니를 통해 영접기도의 능력을 실감했다. "사람이 마음으로 믿어 의에 이르고 입으로 시인하여 구원에 이르느니라"(롬 10:10)는 말씀처럼 진실한 마음으로 예수님을 영접할 때 우리 속에 있는 악한 영은 떠나게 된다.

지난날을 돌아보면 모든 것이 하나님의 은혜다. 어머니의 강퍅함으로 인해 아내가 예수를 믿게 되고, 아내에 이어 나까지 예수 믿고 목회자가 되었으며, 우리 세 자녀 모두 목회의 길을 가고 있다. 어린 손자들은 벌써부터 설교 흉내를 내며 앞으로 목회자가 되겠다고 하니 하나님의 은혜가 너무나도 감사하다. 별 볼 일 없는 한 사람이 택함받은 후 믿음의 가문이 이어지는 걸 보면 놀랍기만 하다.

어머니의 영접을 경험한 이후 나는 성도들에게 '예수님을 진심으로 영접하는 순간 성령께서 우리 속에 들어와 내주하신다'는 점을 강조한다. 예수님을 영접하는 순간 우리 속에 있던 악한 영은 떠난다.

"이는 아직 한 사람에게도 성령 내리신 일이 없고 오직 주 예수의 이름으로 세례만 받을 뿐이더라"(행 8:16).

비교종교학에서 설명하듯 기독교는 신내림의 종교다. 샤머니즘의 신내림이 잡신(雜神)의 내림이라면 기독교의 신내림은 하나님의 영, 즉 성신(聖神)의 '내리심'이다. 샤머니즘의 잡신은 인격적이지도 신사적이지도 않기 때문에 임의대로 사람들에게 들락거린다. 이것이 바로 귀신 들림이다. 잡신은 어떤 사람을 자신의 종으로 삼을 때 병으로 강압하고 내림굿, 즉 잡신의 영접 의식을 갖게 한다.

그러나 인격적이고 신사적인 하나님의 영, 성령은 우리가 인격적으로 초청하고 영접할 때만 우리 안에 들어와 우리의 영과 연합하여 영원히 내주하신다.

"너희는 다시 무서워하는 종의 영을 받지 아니하고 양자의 영을 받았으므로 우리가 아빠 아버지라고 부르짖느니라 성령이 친히 우리의 영과 더불어 우리가 하나님의 자녀인 것을 증언하시나니"(롬 8:15-16).

성령이 내린 사람의 특징은 하나님을 아바 아버지로 부르며 자신이 하나님의 자녀인 것을 자각하게 된다. 거룩하신 하나님의 영, 성령이 내린 사람의 표징은 '거룩에의 갈망'이다. 잡신이 내린 사람은 성화와 성숙에 관심 없다. 기본적으로 샤머니즘은 무도덕적(amoral)이다. 잡신이 내린 사람은 부정 타는 일을 함으로써 해를 당하게 될까 봐 두려워하여 여러 가지 터부(taboo)에 속박된다. 그러나 진리의 영, 성령이 내린 사람은 "주는 영이시니 주의 영이 계신 곳에는 자유가 있느니라"(고후 3:17)는 말씀대로 자유하다.

믿음은 아무나 갖는 게 아니라는 말씀처럼 예수 믿는 것은 하나님의 특별한 은혜다. 나는 이런 배경을 설명하며 성도들에게 자주 "나는 운수대통한 사람입니다"라고 시인하게 한다. 나야말로 운수대통한 사람이다.

●● 최고일 때 목회의 길을 가도록

아내를 따라 내가 교회를 나가게 된 이후 우리 형제와 처가 형제들, 조카들까지 총 스물여덟 가정이 예수를 믿게 되었다. 양가 가족들이 주님 만나는 일에 우리 부부가 통로가 되었다는 사실이 무엇보다도 기쁘다.

미국으로 이민 와서 20년 만에 교회에 출석한 어머니는 현재 96세로 우리 교회에서 가장 나이 많은 권사님이다. 여전히 건강하여 매주 빠짐없이 예배에 참석하고 늘 교회와 나를 위해 기도하신다. 가끔 아내의 손에 말없이 봉투를 쥐어 주신다. 자녀들이 준 용돈을 모은 돈이다. 형제들 중에 가장 잘살았다가 이제 가장 소박하게 사는 우리 부부가 안쓰러워 보이는 모양이다. 시어머니에게 봉투를 받을 때면 아내는 "어머니, 다음에 또 주세요"라고 애교 부린다.

그러고 보면 하나님은 우리가 미국으로 이민 와 지금껏 사는 동안 엄청난 은혜를 부어 주셨다. 믿음이 없던 우리를 불러 주셨고, 사업이 불일 듯 일어났고, 어려움에 처한 사람들을 돕게 하셨고, 다른 사람이 살아나는 일에 통로로 사용해 주셨다.

이것만 해도 감사한 일인데, 나는 42세에 하나님의 부르심을 받았고, 7년 후인 49세에 목회를 시작했다. 이야기를 들어 보면 주의 종이 되기까지 많은 고난을 겪은 분들이 많은데, 나는 목사가 될 때까지 성공한 사업가로서 살아왔다. 나는 부르심을 받은 후부터 늘 이렇게 기도했다.

"하나님 망해서 말고, 최고로 좋을 때 목회의 길을 가게 해주세요. 최상의 컨디션에서 목회자가 되게 해주세요."

목회를 시작하기 전 7년간은 이전처럼 사업에 몰두할 수가 없었다. 그렇게 재미있던 사업이 심드렁해졌다. 사무실에 앉아 있으면 '내가 왜 여기 있지?' 하는 생각만 들었다. 그래서 직원들에게 업무를 지시한 뒤 바로 교회로 달려갔다. 기도하고 행정일 처리하고 교회 잔디밭의 잡풀 뽑고 물 주는 일이 좋았다.

교회에서 보내는 시간이 훨씬 많은데도 수입은 더 올라갔다. 그때 내 사업장에서 일하던 직원이 모두 40명이었다. 직원들에게 일을 맡기고 나는 열심히 하지 않는데도 계속 사업이 잘된 비결은 아무리 생각해도 알 수가 없다. 융자회사 아이디어를 준 분도 하나님이 보내셨고 회사 운영도 하나님이 해주셨다. 그것 외에는 설명할 길이 없다. 결국 7년 후 아내까지 결심한 뒤 목회의 길에 들어설 때 우리의 수입은 최정점을 찍었다.

그때 경험으로 나는 성도들에게 "사업은 하나님이 해주셔야 잘된다"라고 말하게 되었다. 그렇다고 내가 교회에서 죽어라 소리지르며 "사업 잘되게 해주세요"라고 기도한 것도 아니다. 오히려 "나는 모르겠습니다. 하나님이 알아서 해주세요"라고 맡기는 기도를 드렸다. 그런 뒤 교회 일을 열심히 했더니 사업이 더 잘되었다.

chapter 4

평신도에게도
살리는 능력을 주셨습니다

●● 방언 받은 날

"예수가 너를 위해 죽었다"는 음성을 들은 지 한 달 후, 제직수련회가 열렸다. 그때도 초청강사 목사님이 안수기도를 해주었는데, 나는 하나님의 은혜가 넘쳐 더 필요한 것이 없다고 생각했다. 마침 같이 간 집사님의 '방언의 은사를 달라'고 간구하는 소리가 들렸다. 나도 마음에 소원이 생겨 "하나님, 방언을 주시지 않아도 확실히 당신의 살아 계심을 믿습니다. 그래도 방언 받게해주세요. 자꾸 연습해서 받는 방언이 아니라 받는 순간 확실히알게 해주세요"라고 기도했다.

그렇게 기도하는 가운데 강사 목사님의 손이 머리에 닿았고, 그 순간 두꺼운 종이가 말려 올라가듯이 혀가 말리며 이상한 소리가 나왔다. 그러자 담임목사님이 "집사님 이제 방언 받았으니연습을 계속하셔야 잊지 않습니다"라고 했다. 그 말씀이 영 불편했다. '방언을 주셨으면 됐지. 무슨 연습을 해야 하나' 그런 생각이 들었던 것이다.

기도원에서 돌아와 사무실에 엎드려 방언으로 "하나님 저는 연습 없이 방언을 잘하게 해주세요"라며 기도를 시작했는데 3시간이 휙 지나갔다. 침례교회 가운데 방언을 인정하지 않는 곳도 있다는데 워싱턴성광교회 성도들은 방언으로 마음껏 기도한다. 성경에서 있었던 사건이 지금도 일어나는 것은 너무도 당연하다. 예수님은 어제나 오늘이나 영원토록 동일하신 분이다. 그렇기에 지금 이 순간 방언하고 병이 낫는 기적은 당연히 일어나야 하는 일이다.

●● 집사장이 되다

안디옥침례교회를 크게 성장시킨 안병국 목사님이 은퇴하신 후, 몇 년 사이에 담임목사 자리가 세 번이나 바뀌었다.

처음 오셨던 분은 박사학위를 가진 목사님이었는데, 자존심이 상당히 강하고 성격이 급했다. 우리 교회에 원로 목사님이 계신 것을 알고 왔으면서도 그 부분을 자꾸 문제 삼았다. 성도들이 담임목사인 자기보다 원로 목사님을 더 사랑한다고 불만을 토로했다. 교회 간판에 원로 목사님 이름이 들어 있는 것에 대해서도 화를 냈다. 간판을 만든 집사님이 "원로 목사님이 교회를 지금까지 부흥시켰으니 간판에 작게라도 이름을 넣는 게 좋겠다고 생각해서 새겼습니다"라고 설명했다. 그런 설명에도 좀처럼 화가 가라앉지 않는 모습이었다.

아내가 기도하는 가운데 성령께서 "그 목사는 두 달 안에 떠난다. 그다음 목회자도 3년, 그다음 목회자도 3년"이라고 하셨다고 내게 말했다. 부임한 지 한 달도 안 되었는데 두 달 만에 떠난다니, 말도 안 된다고 하자 아내는 "나도 몰라. 성령께서 그렇게 말씀하시네"라고 했다. 실제로 그 목사는 다음 제직회 때 자기 자리를 만들어 놓지도 않고 초빙했다며 화를 내더니 즉석에서 사표를 써서 제출하고 떠나 버렸다. 정확히 두 달 만이었다. 참 놀라운 일이다.

다음 목사님은 한국에 있는 신학교 교수로 초빙되어 3년 만에 떠났다. 그 목사님은 원래 12월 28일에 왔는데, 3년 후 12월 21일에 갈 예정이었다. 그래서 '3년은 맞지만 날짜는 좀 틀리는구나'라고 생각했다. 그런데 여행사를 운영하는 집사님으로부터 "목사님이 귀국 날짜를 변경해 그만두는 날을 28일로 해 달라고 하셨어요"라는 얘기를 전해 듣고 놀랐다. 그다음에 오신 목사님도 공부를 더 하겠다며 정확히 3년 만에 떠났다. 그래서 아내에게 "당신은 돗자리 깔아야겠다"라는 농담을 건넸던 기억이 있다.

목사님이 자주 바뀌니 교회가 성장하기 힘들었다. 당시 청년부를 지도했던 나는 부족함을 느껴 신학교에 등록해 한두 과목씩 공부하고 있었다. 어느 날 집사님 몇 분이 나를 찾아와서 자신들에게도 성경을 가르쳐 달라고 부탁했다. 사양했지만 그분들의 간청으로 장년 성경공부가 시작됐다. 연말이 가까워질 무렵 연로한 집사님 몇 분이 찾아왔다.

"임 집사님, 곧 교인총회에서 내년도 교회 살림을 책임질 집사장을 선출합니다. 우리는 임 집사님이 집사장을 맡아 주면 좋겠다고 뜻을 모았습니다. 어려운 교회 여건을 생각해 허락해 주세요."

장로 제도가 없는 침례교에서 집사장은 평신도를 대표하는 자리다. 당시 안수집사들은 대개 나이가 50~70대인데 나는 40대 초반이었다. 내가 난감해하자 집사 50여 명이 서명했다며 "임 집사님이 집사장을 맡지 않으면 모두 교회를 떠날 생각입니다"라고 했다. 당시 나는 융자회사 일이 번창해 밤 10시가 넘어야 퇴근하는 상황이었다. 교회 살림을 맡을 형편이 아니었다. 하지만 모두 떠나면 교회가 공중분해 될 게 뻔해 거절할 수도 없었다.

"집사님들, 그렇게 중요한 일을 어떻게 당장 결정합니까. 제게도 기도할 시간을 주셔야지요. 기도원에 올라가 3일간 기도하겠습니다."

그렇게 말한 후 짐을 싸들고 메릴랜드 주에 있는 안나산기도원으로 향했다. 겨울이라 산 기도를 할 수 없어 차가운 예배실에 꿇어앉았다. 당시 안디옥교회에는 시급히 해결해야 할 세 가지 문제가 있었다.

"하나님, 이 세 가지 문제의 해결 방법을 알려 주시면 제가 집사장의 책임을 맡겠습니다."

슬리핑 백을 뒤집어쓰고 펑펑 울면서 "하나님 어떻게 해요. 사업 때문에 시간이 없는데 집사장을 맡으라고 해요. 안 그러면 많은 분이 교회를 떠나겠대요"라고 기도하다가 잠이 들었는데, 꿈에서 너무나도 선명하게 세 가지 문제의 해결 방법을 알려 주셨다. 하나님의 응답으로 알고 아침에 바로 기도원에서 돌아왔다.

안나산기도원에 다녀온 후 교회에 집사장을 맡겠다고 공표했다. 집사님들이 기뻐하며 축하해 주었다. 연배가 높은 분들도 "임 집사님, 귀한 결단 내려 주셔서 감사합니다. 열심히 돕겠습니다"라고 격려해 주었다.

●● 말문이 확 트이다

성령 받고 나서 달라진 점은 말을 잘하게 되었다는 것이다. 가끔 나 스스로 놀랄 때가 있다. 내가 청산유수로 말을 잘하는 건 상상도 못한 일이다.

나는 손님이 오면 세금 관련 사항만 정확히 나눈 뒤 더 이상 다른 말은 하지 않았다. 대신 고객들은 상냥한 아내와 대화를 나누었다. 손님들이 아내에게 "사모님은 참 좋은데 임 사장님은 너무 재미가 없으세요. 어떻게 저런 분과 살아요?"라고 할 정도였다.

그런데 예수님을 인격적으로 만나고 성령을 받은 후 신기하게도 말문이 열렸다. 성령이 함께하시니 내 입술에서 불 같은 메시지와 지혜의 말이 튀어나왔다.

집사장이 되고 난 후, 교회가 '목사파'와 '목사 반대파'로 나뉘어 늘 으르렁거렸다. 사무총회에서 양측이 서로에게 날 선 비난을 가했다. 그때 내가 앞에 나가 말을 하면 서로를 비난하느라 시끄럽던 사람들이 조용해졌다. 믿어지지 않아 '내가 언제부터 이렇게 조리있게 말을 잘했지?' 하는 생각을 할 정도였다. 사무총회가 끝난 뒤 성도들이 아내에게 말했다.

"지금 앞에서 말한 임용우 집사님이 당신 남편 맞아요? 너무나 조리 있게 말을 잘하시네요. 어쩌면 저렇게 달라질 수 있나요?"

어떤 성도들은 "임용우 집사가 대표기도할 때는 손수건을 준비해야 한다"고 말했다고 한다. 말수가 극히 적었던 내가 성령 충만하면서 말문이 열린 건 정말 신기한 일이다. 하나님의 은혜가 아니고선 설명할 수 없는 일이다.

●● 목장 제도의 정착

경험이 부족한데 중한 직분을 맡으니 어깨가 무거웠다. 하나님께 "어떻게 하면 좋겠습니까?"라고 여쭤보며 기도했다. 집사장이 되고 나서 교회 전체를 들여다보며 행정과 목회 사역을 점검했다. 한 달에 한 번 모이는 구역 모임은 유명무실한 상태였다. 마침 그때 내 눈에 띈 책이 텍사스 휴스턴서울침례교회 최영기 목사님이 쓴《구역조직을 가정교회로 바꾸라》였다. 그 책을 기점으로 '셀 교회'에 관한 책들도 열심히 읽었다. 특히 고 옥한흠 목사님의 저서《평신도를 깨운다》는 내게 교회에 대한 새로운 관점을 갖게 해주었다.

건강한 평신도 사역이 일어나고 셀 목장을 통해 영적 공급이 이뤄지면 우리 교회가 초대 교회와 같이 든든한 주님의 몸으로 세워질 거라는 확신이 들었다. 그래서 나는 집사회를 함께 섬기는 여덟 명의 안수집사에게 말했다.

"집사님들, 성경에 '모이기를 힘쓰라'고 했는데 우리 교회는 한 달에 한 번 모이거나 그것도 거르는 달이 많습니다. 요즘 성장하는 교회들은 셀 목장 체제로 매주 모임을 갖는다는데 우리도 그렇게 해야 합니다."

내 제안에 안수집사들이 한목소리로 반대했다.

"임 집사님, 현실적으로는 불가능해요. 한 달에 한 번 모이기도 힘든데 어떻게 매주 모입니까? 먹고살기 바쁜 이민 생활에 가당치 않습니다."

무조건 반대하는 모습에 거룩한 분노가 일었다.

"왜 해보지도 않고 반대하십니까? 다들 운동 다니고 친구 만나지 않습니까? 마음이 문제지요. 여러분이 이렇게 덮어놓고 반대하신다면 저는 집사장직을 내려놓겠습니다."

그러자 안수집사들이 시행해 보자며 나를 진정시켰다. 곧바로 그간 구역장으로 섬겨 온 분들과 몇몇 신임 목자를 세워 지역별로 조직을 만들었다. 함께 기도하며 목장 모임을 위한 영적 준비를 했다.

담임목사가 공석이었기에 안병국 원로목사님이 주일예배와 수요예배 설교를 담당하고, 교회 중직자들의 부탁으로 나는 새벽기도회 설교를 맡았다. 원로목사님이 목장 모임의 성경적 원리와 모임의 중요성을 몇 주 동안 설교하는 가운데 성도들의 마음이 한 곳으로 수렴됐다. 나는 새벽에 초대 교회의 비전을 성도들과 함께 나눴다.

몇 주간 기도하며 준비한 끝에 드디어 목장 모임이 시작됐다. 주일예배 후 목장 소개가 있었고 성도들은 원하는 목장을 3지망까지 써냈다. 목장 지원 제도는 매우 신선하게 받아들여졌다. 내가 원해서 모인 목장이었기 때문에 가족들의 결속은 뜨거웠다.

처음 시작한 목장의 목자 중에 72세 되신 안수집사님이 있었다. 그분이 "목원들이 잘 모이지 않고 떠나니 나는 자격이 없습니다. 목자직을 내려놓겠습니다"라고 했다. 그 얘기를 듣고 일단 기도해 보자고 제안해 우리 부부와 그 목자 부부가 새벽마다 목장 부흥을 위해 기도했다. 그즈음 교회에서 꽤 떨어진 곳에 거주하는 집사님이 교회에 등록해 그 목장에 배치했다. 알고 보니 그 집사님은 전도왕으로 유명한 분이었다. 그분이 열심히 전도하면서 그 목장이 부흥해 가장 먼저 분가하게 되었다.

이 일이 큰 본보기가 되었다. 지금도 목자들 중에 좋은 성도를 배치해 달라고 요청하는 분들이 있다. 그럴 때마다 "기도하면 하나님이 영역을 보시고 보내 주십니다"라고 단호하게 말한다. 아무리 좋은 성도를 배치해도 목자가 기도로 준비하지 않으면 목원들이 병들기 마련이다. 믿음 좋은 목자라 하더라도 마찬가지다. 모든 것은 리더에게 달려 있다는 것을 목자들은 늘 명심해야 한다.

목장 제도가 정착하면서 출석 성도가 1년에 20퍼센트씩 늘고 헌금이 두 배 불어났다. 나는 성도들에게 '하나님의 선교'에 대한 비전을 제시하며 주님의 제자로서 래디컬(Radical, 급진적인)한 삶을 살자고 강조했다. 그 기조 아래 열심히 달린 결과, 안디옥침례교회 전체 예산 가운데 10퍼센트 남짓했던 선교비를 60퍼센트까지 끌어올릴 수 있었다.

●● 먹은 놈은 힘 못 쓴다

집사장이 되어서 교회 내부를 살펴보니 여러 문제가 눈에 띄었다. 청빙해 온 목회자가 자꾸 떠나면서 교회 분위기가 뒤숭숭하자 성도들이 강팍해져 서로 남 탓만 했다. 성도들을 하나 되게 할 방법이 시급했다. 새벽마다 하나님께 기도드리는 가운데 '좋은 목사님을 모시고 부흥회를 해서 영적으로 하나 되게 하라'는 마음이 들었다. 어떤 분을 강사로 모셔야 할지 몰라 기도하는 가운데 한 분이 떠올랐다.

몇 년 전, 집회에 초청한 강사 목사님을 모시러 공항에 나간 적이 있다. 기다리고 있는데 뒤에서 "혹시 교회에서 나왔나요?" 하는 목소리가 들렸다. 긴 머리에 긴 코트를 입은 남자는 죄송한 표현이지만 조직 폭력배 같은 모습이었다. 뜻밖에도 그분이 강사 목사님이었다.

목사님을 호텔로 안내한 뒤 저녁 집회 전에 담임목사님과 함께 모시러 갔다. 호텔 로비에서 만났는데 목사님의 시곗줄이 갑자기 터져 바닥에 떨어지면서 시계가 고장 나고 말았다. 난감해하는 목사님께 얼른 내 시계를 풀어 드렸다.

3일간 집회를 마치고 목사님을 공항에 모셔다드렸다. 가는 길에 목사님이 빌렸던 시계를 잘 썼다면서 풀어 주었다. 나는 목사님에게 "저는 시계가 더 있으니 그건 목사님께 드리겠습니다"라고 했고, 강사님은 미안하면서도 감사해하며 선물로 받으셨다.

나는 그때 그 목사님에게 큰 은혜를 받았기에 다시 한번 초청하고 싶어 전화를 드렸다. 내 소개를 간단하게 하고 간곡하게 이야기했다.

"목사님, 우리 교회가 어려움에 처했습니다. 목사님들이 떠난 뒤 성도들이 갈라져서 서로 불신하는 중입니다. 기도하는 가운데 하나님이 부흥회를 통해 영적으로 하나 되게해 주실 거라는 마음을 주셨습니다. 평신도 집사장이라 아는 목사님이 많지 않아 맞는 분을 찾으려니 힘드네요. 그러던 차에 목사님이 생각나서 연락드렸습니다."

당시 12월이었는데 새해 1월 둘째 주에 와 주셨으면 좋겠다고 하자 다른 성회 약속에 있다며 단번에 안 된다고 했다. 이미 지역 신문에 1월 둘째 주에 열리는 다른 교회의 신년 축복성회가 보도된 시점이었다. 그렇게 급하다면 2월 중에 시간을 한번 만들어 보겠다고 했다. 하지만 단호하게 "목사님, 안 됩니다. 1월 둘째 주에 우리 교회에 오셔야 합니다"라고 말하자 "그때는 안 된다고 했잖아요"라는 답변이 돌아왔다.

문득 수년 전 집회에서 그 목사님이 설교 중에 "먹은 놈은 힘 못쓴다"라고 했던 말이 떠올랐다. 그 순간 무슨 생각이었는지 내 입에서 이런 말이 튀어나왔다.

"목사님, 제 시계 기억나세요?"

"무슨 시계요?"

어리둥절해하는 목사님께 그때 일을 자세히 설명했다.

"몇 년 전 우리 교회 집회에 오셨을 때, 목사님 시계가 고장 나 제 시계를 선물로 드렸잖아요. 목사님이 당시 집회 때 계속 '먹은 놈은 힘 못쓴다'고 하셨으니 이번에 꼭 우리 교회에 오셔야 합니다. 우리 교회가 보통 문제가 아닙니다."

그러자 목사님이 "어허 이것 큰일 났구나"라고 하더니 연락을 주겠다고 했다. 결국 지역신문에 보도까지 되었던 집회는 2월로 미뤄지고 1월 둘째 주에 우리 교회에서 부흥회가 열렸다.

부흥회 마지막 날 성도들이 줄을 서서 나에게 악수도 하고 안기기도 하며 "감사하다"고 인사했다. 갈라진 우리 성도들의 마음이 그 집회를 계기로 하나가 되었다. 성령님께서 함께하는 하나님의 말씀은 반드시 기적이 따라오게 되어 있다.

"하나님의 말씀은 살아 있고 활력이 있어 좌우에 날선 어떤 검보다도 예리하여 혼과 영과 및 관절과 골수를 찔러 쪼개기까지 하며 또 마음의 생각과 뜻을 판단하나니"라는 히브리서 4장 12절 말씀을 경험하는 시간이었다.

●● 현대판 홍해의 기적

부흥회 기간 동안 홍해가 갈라지는 자연의 기적도 체
험했다. 1월 초에 눈이 아니라 비가 하루 종일 억수같이 내렸다.
설상가상 저녁부터 영하로 내려가는 강추위로 땅이 얼어붙게 되
니 긴급한 일 외에는 외출하지 말라는 뉴스가 나왔다. 부흥회 첫
날 땅이 얼어붙는다니 큰일이었다. 힘들게 목사님을 모셨는데 성
도들이 나올 수 없는 상황이 된 것이다. "기도 외에 다른 것으로
는 이런 종류가 나갈 수 없느니라"(막 9:29)라고 하셨으니, 기도밖
에 다른 방법이 없었다.

모든 제직이 교회에 모여 밤새 합심으로 기도했다. 기도를 시작
하자 땅을 얼게 하는 북서풍이 아니라 훈훈한 동남풍이 불기 시
작했다. 얼마나 거세게 부는지 나중에는 몸을 가누지 못할 정도
였다. 아침이 되니 길 뿐만 아니라 잔디밭까지 완전히 말라 물기
가 하나도 없었다. 홍해의 기적이 일어난 것이다. 홍해도 바람으
로 갈랐다고 했는데, 우리 교회 주변의 얼어붙은 땅도 바람이 다
말려 버렸다.

그런데 문제는 다른 데 있었다. 목사님이 뉴욕에서 비행기를
타야 하는데 뉴욕의 땅이 얼어 비행기가 이륙할 수 없게 된 것이
다. 비행기가 줄줄이 결항되는 상황이었다. 목사님이 전화로 "지

금 공항인데 비행기가 못 뜬다고 해서 되돌아 갑니다"라고 했다. 너무도 안타까워 하나님께 길을 열어 달라고 간절히 기도드렸다.

30분 후 목사님이 곧 비행기를 탄다는 연락을 주었다. 집으로 돌아가려는데 "워싱턴행 비행기 한 대가 출발하니 탈 분은 타라"는 안내방송이 나왔다며 "사탄이 막아도 결국 가게 됐네요. 이번 부흥회에 큰 은혜가 있을 것 같습니다"라고 했다. 그 일을 통해 '기도하면 된다. 하나님은 살아 계시고 능치 못하심이 없는 분'이라는 걸 절감했다. 나는 성도들에게 늘 강조한다.

"우리가 구원받아 천국 가는 걸 확실히 믿는다면 성경에 나타나는 모든 역사는 오늘도 일어난다는 사실을 믿어야 합니다. 말씀대로 살면 하나님의 능력을 반드시 경험합니다."

나는 이와 같은 하나님의 역사하심을 사업과 목회를 통해 수없이 경험해 왔고, 앞으로도 그럴 것이라고 믿는다.

chapter 5

하나님 역사를
목사만 보는 건 아닙니다

●● 내 양을 치라

안디옥침례교회는 대지 4.2에이커(5,140평) 규모의 오래된 미국 교회를 구입해 사용했는데, 건물이 낡아서 새 성전을 짓기로 했다.

교인총회에서 나를 건축위원장으로 선출했다. 설계회사, 토목회사와 함께 조감도를 만들고 주민들의 공청회를 끝냈다. 짓는 일만 남은 상황이었는데, 새로 부임한 목사님이 건물이 너무 커서 우리 교회 현실에 맞지 않는다는 의견을 냈다. 그러면서 새로 짓는 것보다 기존 교회 일부를 증축하는 게 낫겠다고 했다.

건축위원들이 "목사님은 기도만 해주세요. 물질은 우리가 준비하겠습니다"라고 답했지만 목사님은 계속 현실에 맞지 않는다며 반대했다. 그래서 내가 담임목사가 동의하지 않는 이 계획은 없었던 일로 하자고 제안했다. 당연하지 않은가. 교회 리더인 담임목사가 비전을 가지고 드라이브를 걸어도 힘든 일인데 현실성이 없다고 하니 시작할 수가 없었다.

그 후 그 목사님은 교회를 떠났고, 교회 신축은 물론 증축도 하지 못했다. 다른 교회로 통합되면서 안디옥침례교회라는 이름마저 사라져 버렸다. 그 일을 통해 교회 리더가 가진 비전이 얼마나 중요한지 절실히 깨달았다.

교회 건축은 이렇게 물 건너갔지만, 그 무렵 나는 소명을 받았다. 건축위원장을 맡고 나서 바로 안나산기도원으로 향했다. "하나님 제가 능력도 없는데 건축위원장이 되었습니다. 어떻게 하면 좋겠습니까? 능력을 주시고 길을 알려 주소서"라고 기도하는데 밤 12시 경에 갑자기 성령의 음성이 들렸다.

"내 양을 치라. 내 양을 치라."

지난번 "예수가 너를 위해 죽었다. 예수가 너를 위해 죽었다"고 하실 때 들었던 그 음성이었다. 잘못 들었다고 생각하고 정신 차리기 위해 밖으로 나왔다. 찬 바람을 쐬고 다시 들어가 기도하는데 똑같은 음성이 또 다시 들렸다. "내 양을 치라"는 음성을 두 번 연속 듣고 나니 온몸에 힘이 쭉 빠졌다. 더 이상 기도할 수 없어 다음 날 새벽에 집으로 돌아왔다.

아내에게 기도 중에 들은 음성에 대해 말하자 "당신이 잘못 들은 거야. 우리가 왜 목회를 해. 나는 절대로 반대야. 그러니 잊어버려. 아마 평신도 목자로 목원들을 잘 섬기라고 하신 말씀일 거야"라고 했다. 나도 그 말에 동의했다.

그날 이후 하나님이 새벽 두 시경이면 나를 깨우셨다. 그리고 "내 양을 치라"는 음성을 상기시키셨다. 내가 한밤중에 일어나 "내 양을 치라"는 말씀을 들을 때마다 아내는 "No, No. 누워요. 딴생각하지 말고"라며 다시 자라고 재촉했다. 그런 일이 무려 7년간이나 계속됐다.

●● 황충과 동록을 막아 주는 십일조

안디옥침례교회 집사장 시절, 재정부에서 "안수집사들이 십일조를 하지 않는다"는 불평이 흘러나왔다. 교회 헌금 내역을 들여다보니 회계사인 내 눈에 온전하지 않은 십일조들이 속속 보였다. 큰 집을 보유하고 큰 사업을 하는데 십일조 액수가 형편없이 적은 사람도 있었다. 당사자를 만나 단도직입적으로 말했다.

"안수집사면 온전한 십일조 생활을 해야 하나님 앞에서 떳떳하고 성도들 앞에서 영적 지도력을 보여 줄 수 있습니다. 온전한 십일조를 하지 않으니 '안수집사가 우리에게 본이 된 게 뭐냐'는 얘기가 나오잖아요. 온전한 십일조를 드리든지 그렇게 못하겠으면 안수집사를 내려놓으세요. 그리고 온전한 십일조가 아니면 감사헌금이라고 적으세요. 하나님을 믿는다면 정직해야 하지 않겠습니까?"

아마 목회자가 이런 말을 했다면 쫓겨나든지 성도가 떠나든지 했을 것이다. 그런데 나보다 나이가 10~20살 많은 안수집사들이 내 말에 얼굴을 붉히더니 다음 달부터 온전한 십일조를 드리기 시작했다. 하나님이 그들의 마음을 만져 주셔서 시험 들지 않고 잘 해결되었다. 안수집사들이 온전한 십일조를 하자 성도들도 십일조 생활에 열심을 내기 시작했다. 교회는 매년 20퍼센트가량 성장했고, 재정은 두 배 가까이 들어와 차고 넘치게 채워졌다.

내가 십일조를 강조한 것은 체험이 있기 때문이다. 아내가 친구와 함께 델리 숍을 개업했다가 1년 만에 팔았을 때 각자 3만 달러의 수익이 생겼다. 그즈음 우리가 출석하던 교회가 둘로 갈라지면서 목회자가 떠나는 일이 발생했다. 믿음이 제대로 정립되지 않았던 나는 그 상황이 도무지 이해되지 않았다. 믿음이 강한 아내도 몹시 실망한 상태였고 적지 않은 액수의 십일조를 어디에 내야 할지도 의문이었다. 그렇게 일 년 넘게 양쪽으로 갈라진 교회를 지켜보며 방황하느라 십일조를 내지 못하고 말았다.

그러던 어느 날 둘째 데이비드가 고열에 시달리며 코피를 쏟기 시작했다. 의사가 가와사키병이 의심된다며 큰 병원에 가 보라고 했다. 사업을 시작한 지 얼마 되지 않아 의료보험이 없는 상태에서 데이비드를 큰 병원에 입원시켰다. 일주일간 치료받아 데이비드는 완치됐는데 치료비가 문제였다. 명세서를 본 우리 부부는 소스라치게 놀랐다. 우리가 내지 못하고 있던 십일조와 금액이 정확히 일치했기 때문이다

순간적으로 '하나님이 살아 계셔서 이러한 방법으로 우리가 기도한 것을 이루게 하시는구나' 하는 생각에 두려운 마음이 들었다. 그 자리에서 우리 부부는 '하나님께 약속한 것은 죽더라도 지

키자'고 다짐했다. 그 일을 통해 나는 믿음은 온전하게 반응하는 것이라는 사실을 체험했다. 십일조는 하나님의 것이니 드리는 게 마땅한 일이다. 하나님이 십일조를 통해 우리 가정에 엄청난 복을 부어 주신 것을 몸소 체험했기에 과감하게 안수집사들에게 십일조를 강조할 수 있었다.

회계사무실을 운영하며 간접적으로 경험한 일도 있다. 미국은 누구나 일 년에 한 번 개인 세금 보고를 하게 되어 있다. 청소년 자녀 둘을 혼자 부양하느라 생활이 힘든 여자 집사님이 있었다. 수입이 1년에 2만 달러 정도였는데 세금을 제하면 한 달 수입이 고작 1,500달러에 불과했다. 다른 교회에 다니는 그분에게 "신앙생활 오래 하셨다면서 왜 십일조를 하지 않습니까?"라고 묻자 "애 둘 키우느라 생활비도 부족한데 어떻게 십일조를 냅니까?"라며 항의하듯 말했다.

"집사님, 성경에 십일조는 황충과 동록을 막아 주신다고 했잖아요. 성경 말씀대로 살아 보세요. 내년 한 해 동안 십일조를 해보세요. 만약 변화가 없다면 제가 집사님이 낸 일 년 십일조를 돌려드리겠습니다. 저하고 약속해요."

정확히 1년 후 집사님이 나를 찾아왔다. 얼굴빛이 그날과 달랐다. 항상 찡그리고 있던 분이 활짝 웃고 있었다. 좋은 일 있냐고 물었더니 그동안 십일조를 열심히 했다고 했다. 돈을 많이 번 줄 알았더니 수입은 5퍼센트 정도 늘어난 상태였다. "수입이 별반 달라진 것이 없는데요"라고 하자 집사님이 이렇게 말했다.

"선생님이 저한테 십일조하라고 해서 부끄럽기도 했지만 변화가 없으면 물어준다고까지 하시니 무슨 일이 있어도 해야겠다고 결심했어요. 보시다시피 수입은 별반 변동이 없지만 희한한 일이 일어났어요. 아이들이 말썽을 부리지 않고 공부를 열심히 하는 데다 알바까지 하며 나를 얼마나 위해 주는지요. 거기다 자동차가 오래되서 고장이 잦았는데 1년 동안 한 번도 고장 나지 않았어요. 그래서 적은 수입이지만 오히려 풍족했어요. 앞으로도 십일조를 꼭 하려구요. 정말 감사합니다."

하나님이 성경 말씀대로 황충과 동록, 즉 우환이나 문제를 막아 주신 것이다. 나는 지금도 이때 경험을 예를 들면서 성도들에게 담대하게 선포한다. 내가 경험했고, 고객들을 통해 증명받았기 때문이다.

"십일조를 하면 떼돈 버는 것이 아니라 문제를 막아 주십니다. 진실한 마음으로 드리기를 기뻐하면 하나님이 쌓을 곳이 없도록 부어 주십니다."

대표성의 원리로 이해해야 하는 부분들이 있다. 아담이 죄를 지음으로 원죄가 인류에 영향을 미친 것과 예수님이 십자가로 인류의 죄를 대속하신 것이 바로 대표성의 원리다. 십일조 역시 대표성으로 원리로 봐야 한다. 십일조는 주신 물질 전체를 드린 것을 대표하는 행위다. 일주일 모두 하나님이 주신 날이지만 주일 성수하는 것 역시 대표성의 원리로 생각해야 한다.

●● 세 번의 심장마비

우리는 지옥에 대해 많은 것을 알지 못한다. 성경에서 영원한 저주의 상태인 지옥을 영원한 고통이라고 말씀하니 짐작할 뿐이다. 예수님은 영원히 꺼지지 않는 불 가운데 던져지면 구더기도 죽지 아니하고 사람들마다 소금 치듯함을 받는다고 하셨다(막 9:48-49).

이 말씀을 읽고 난 후부터는 누구든 회계사무실에 오는 고객들을 전도하기 위해 애썼다. 그들이 예수를 믿지 않아 심판대에서 지옥으로 떨어지게 되면 어쩌나 싶었다. 또 예수님이 "네가 아는 사람을 왜 전도하지 않았니?"라고 물으면 뭐라고 답할 것인가. 그래서 나와 만나는 사람들이 죽은 뒤 비참함에 빠지지 않도록 회계 처리를 하면서 "저 사람을 전도하게 해주세요"라고 간절하게 기도했다.

회계사무소 고객 중에 미국종합병원 내과전문의로 일하는 닥터 임이라는 한국 분이 있었다. 닥터 임은 예수를 믿지 않았다. 아내만 믿음 생활을 열심히 했다. 부부가 세금 보고하러 같이 올 때마다 닥터 임에게 전도했는데, 무려 10여 년을 전했지만 받아들이지 않았다. 나중에 안 사실인데 닥터 임은 대학 시절 신앙생활을 잘했다고 한다. 그런데 부모가 박태선 신앙촌에 빠져 집안이 완전히 풍비박산 나면서 예수를 떠났던 것이다.

세금 보고 기간이 되어 다시 찾아온 닥터 임에게 "예수를 믿어야 합니다. 그래야 심판받지 않습니다"라고 했더니 갑자기 "예수는 사기꾼입니다!"라고 소리치고는 나가 버렸다. 깜짝 놀라서 따라 나가 "그렇게 말하면 안 돼요. 왜 그러세요"라고 하자 "다시는 나한테 전도하지 마세요. 예수는 사기꾼입니다"라고 재차 말하며 가 버렸다. 내 마음도 좋지 않고 그의 아내 보기도 민망했다.

그날 서류를 다 준비해 오지 않았던 부부는 4개월 후 다시 나를 찾아왔다. 그런데 웬일인가. 닥터 임의 얼굴이 전과 다르게 상당히 밝은 데다 뭔가 달라 보였다.

"뭐 좋은 일 있으세요? 뭔가 변한 것 같아요."

그러자 닥터 임이 손수건을 꺼내 흐르는 눈물을 닦더니 그간 있었던 일을 들려주었다. 내 사무실을 다녀간 지 얼마 지나지 않아 부부가 자동차를 운전해 뉴욕에 갔는데, 시내에 들어서자마자 갑자기 심장마비 증세가 일어났다. 50대 초반인 닥터 임은 평소 건강 관리를 잘했기 때문에 예상치 못했던 일이었다.

닥터 임의 아내는 신호까지 무시하고 병원으로 차를 몰았다. 그러는 바람에 경찰차가 따라왔지만, 자초지종을 듣고 병원까지 에스코트해 주어 신속하게 움직일 수 있었다. 그렇게 정신없이 병원에 도착했는데, 닥터 임의 심장이 멎었다. 그 순간 닥터 임은 신기한 체험을 했다. 의사들의 CPR(심폐소생술)을 하고 있는데, 영혼이 몸에서 빠져나와 그 광경을 지켜본 것이다. 침대에 누운 사람이 자신이라는 것을 깨닫자마자 갑자기 정신이 돌아왔다. 조금 전 본 CPR 하던 의사들이 자기를 내려다보고 있었다. 의사들을 비롯한 주변 사람들이 살아났다며 환호성을 질렀다. 닥터 임은 그 순간 자신이 꿈을 꿨다고 생각했다.

그런데 두 시간 후 또다시 심장마비가 왔다. 이번에도 영혼이 몸에서 빠져나와 병원 복도까지 갔고, 거기서 자신이 누워 있는 응급실 병동을 볼 수 있었다. 의사와 간호사들이 급하게 달려가는 모습을 보고 복도에서 뒤돌아 병실로 들어갔다. 거기서 CPR 받는 자신을 지켜보는 순간 또다시 정신이 돌아왔고, 의사들이 환호성을 질렀다. 똑같은 일이 두 번 일어나면서 그는 자신의 영혼이 빠져나갔다가 돌아왔다는 것을 깨달았다. 몸에서 빠져나가서 본 사람들이 옆에 와 있는 것을 보며 그런 생각을 한 것이다.

몇 시간 후 세 번째 심장마비가 왔다. 또다시 영혼이 빠져나와 복도를 한참 걸어가는데 응급실 옆 환자 가족 대기실 안이 훤히 들여다보였다. 거기서 뉴욕에 사는 딸과 사위, 아내까지 셋이 울고 있었다. CPR을 할 때 다시 깨어났고 영혼이 빠져나가서 본 의료진과 동일한 사람들이 자신을 내려다보고 있었다. 조금 전에 본 딸과 사위가 아내와 함께 달려 들어왔다. 그 순간 닥터 임은 '이것은 꿈이나 환상이 아니라 실제'라는 것을 깨달았다.

세 번째 깨어난 이후 구급차를 타고 워싱턴 집에 도착했다. 퇴원은 했지만 두 걸음 걷고 멈췄다 다시 걸어야 할 정도로 몸이 약해진 상태였다. 직장에는 당연히 나갈 수 없는 형편이었다.

그러던 어느 날 한밤중에 잠이 오지 않아 무기력하게 침대에 누워 있는데, 갑자기 창문으로 불덩이 같은 것이 날아와 닥터 임 가슴에 확 들어왔다. 닥터 임은 심한 통증으로 견딜 수 없어 '또 심장마비가 왔구나. 이제 죽었다'고 생각했다. 그런데 통증이 사라지면서 시원한 느낌이 들었다. 그 순간 '이것이 혹시 성경에서 말씀하시는 치료의 광선인가' 하는 생각이 들어 조용히 일어나 거실을 걸어 보았다. 두 걸음만 걸어도 숨이 차서 쉬어야 했는데 거실을 몇 바퀴나 돌아도 아무렇지 않았다. 현관문을 열고 뒷마당에 나가 잔디 위를 걸으며 조심스럽게 뛰었을 때도 숨이 차지 않았다. 그제야 닥터 임은 소리쳤다.

"하나님, 저를 살려 주셨군요. 감사합니다."

그 후 병원에서 여러 검사를 통해 심장이 완벽히 치료되어 아주 건강하다는 진단을 받았다.

닥터 임이 그 이야기를 나에게 전하면서 "하나님이 치료해 주셨습니다"라며 계속 눈물을 흘렸다. 닥터 임은 자신이 심장마비를 일으켰을 때의 심장 사진과 기록을 갖고 다닌다고 했다.

"심장마비가 세 번 왔는데 살아남은 사람은 아마 저뿐일 겁니다. 세 번 모두 3분 안에 깨어나서 뇌에 이상이 생기지 않았어요. 이제 확실히 영혼이 있음을 알았습니다. 이제 저도 병원에서 진료하기 전에 복음 전하고 기도부터 합니다. 어떤 때는 기도로 환자가 치유되기도 해 그냥 돌려보냅니다. 그러자 보험회사에서 직전에 진료했던 의사가 오진한 것이냐며 항의하는 문제도 발생했어요."

닥터 임은 이제 시간만 나면 선교지로 나가 사람들을 치료하고, 만나는 사람마다 살아 계신 하나님을 증거한다. 우리 교회에서 이 모든 일을 간증하기도 했다. 하나님은 살아 계시고 또 죽음이

란 영혼이 육체와 분리되는 것임을 생생하게 전해 주었다. 닥터 임에게 전도할 때마다 거절당했지만 굴하지 않고 10년 동안 예수 님을 전한 건 잘한 일이라는 걸 깨달았다.

●● 살아난 가족 공동체

어느 주일, 낯선 사람 20여 명이 안디옥침례교회를 찾아왔다. '우리 교회도 이제 부흥하려나 보다'라고 생각했는데, 웬걸. 성도 중에 워싱턴에서 꽤 유명한 유지가 있었는데, 그에게 돈을 빌려준 채권자들이었다. 그 성도의 아들이 무역 일을 시작했다가 재산을 다 날리는 바람에 큰 빚을 지게 되면서 이런 일이 생긴 것이었다.

예배 후에 채권자들을 불러 앉혔다. 그들은 "그 돈이 어떤 돈인데, 이민 와서 갖은 고생하며 번 돈인데 다 날리게 생겼어요" 하면서 아우성이었다. 일단은 그들을 진정시켜야 했기에 입을 열었다.

"여러분, 그 사람은 지금 돈을 갚을 능력이 없습니다. 사람도 잃고 돈도 잃겠습니까? 만약 지금 그 사람을 밀어붙였다가 개인 파산 신청을 해 버리면 돈 받을 기회는 영영 사라집니다. 전화로 독촉해도 안 됩니다. 법에 저촉받아요. 지금 이분이 파산 신청하지 않고 최선을 다해 돈을 갚으려 합니다. 길을 찾아봅시다."

20여 명을 상담하여 각자 얼마를 빌리고 얼마를 받았는지 조사했다. 채권자들에게 채무를 조정해 좀 낮춰 달라고 부탁하자 내 요청을 받아들였다. 빚을 진 그 성도에게 매달 50달러 혹은 100달러씩이라도 갚고, 한 분씩 찾아가 사과하고 인사하라고 당부했다. 그분에게 크리스천으로서의 자존감을 잃지 말고 할 수 있는 최선을 다하도록 격려했다.

우리 부부도 그 성도가 일어설 수 있도록 돈을 빌려주었고 사정을 들은 교우들도 기꺼이 도움을 주었다. 빚 때문에 죽음까지 생각했던 그 성도는 교회가 가족 공동체라는 사실을 깨닫고 완전히 회복되었다. 훗날 채권자였던 사람들과 함께 식사하는 그를 만났다. 즐겁게 대화하는 모습을 보니 흐뭇하기 그지없었다.

이런저런 위기도 많았지만, 시간이 갈수록 안디옥침례교회는 점차 생기가 돌기 시작했다. 나는 안병국 목사님과 의논해서 주일예배 사회를 안수집사들에게 맡겼다. 돌아가면서 예배 사회를 맡은 안수집사들은 솔선수범하여 교회 청소와 주차 봉사에 나섰다. 사찰이 없어 주중에도 제직들이 교회에 나와 봉사했다. 자연스럽게 새벽기도회가 부흥되고 수요예배는 전 교인의 90퍼센트가 참석했다. 직분자들에게 가능하면 퇴근길에 교회를 둘러보고 가라고 하자 모두 그 말을 따랐다.

봄가을 대청소 때면 온 성도가 교회에 나왔다. 토요일에 가게를 열어야 한다며 미안해하는 제직들에게 "대신 일할 일꾼을 부를 테니 하루 임금을 내라"고 했다. 대청소하는 날 하루 봉사해 줄 형제를 모집해 가슴에 그 집사님 이름을 붙여 주었고, 하루 임금으로 헌금한 돈을 수고비로 주었다.

집사장을 맡고 일 년 정도 지났을 때 어느 성도의 대표기도를 듣고 모두 감동했다.

"하나님, 우리 교회에 열정적으로 주님을 사랑하는 안수집사님들을 세워 주셔서 감사합니다. 이 분들의 헌신과 섬김을 온 교회가 본받게 하시고, 우리도 이러한 신앙을 가지고 따라갈 수 있게 해주시옵소서!"

눈물이 왈칵 쏟아졌다. 무기력에 빠져 도망갈 궁리만 했던 성도들이 적극적인 헌신자가 된 것이다. 변화된 교회와 성도들을 보면서 하나님께 고백했다.

"주님, 감사합니다. 하나님은 분명히 살아 계십니다. 안수집사님들이 존경받는 리더로 설 수 있게 해주시고 교회를 살려 주셔서 감사합니다."

●● 평신도를 사용하시는 하나님

목장 체제가 활성화되면서 교회는 활기가 넘쳤다. 나도 목장 한 곳을 섬기게 되었다.

4월 중순쯤 목장 모임에 택시 운전을 하는 P집사님이 눈이 빨갛게 충혈된 채 참석했다. 매년 봄이면 꽃가루 알레르기로 눈이 충혈되고 눈물이 나와 운전하기 어렵다는 고충을 토로했다. 겨우 운전해서 왔다며 계속 눈을 닦는 모습에 측은한 마음이 들었다. 나는 목원들에게 함께 기도하자고 한 뒤 P집사님을 가운데 앉혔다.

"하나님, 그리스도의 보혈로 모든 죄에서 우리를 자유케 해주심을 믿습니다. P집사님이 수년간 알레르기로 고생하고 있습니다. 긍휼히 보시고 치유해 주시옵소서."

기도 후 살아 계신 하나님이 알레르기 정도는 쉽게 치유하실 것으로 믿고 큰소리로 선포했다.

"내가 나사렛 예수의 이름으로 명하노니 알레르기는 이 순간 묶임을 풀고 떠나갈지어다!"

목원들이 "아멘!"으로 화답했다. P집사님이 "기도하는데 두 눈에 시원한 바람이 확 들어오는 것 같았다"고 말하더니 그 순간부터 눈 알레르기가 깨끗이 나았다. 30년이 지난 지금까지 이상이 없다.

그날 이후 우리 목장은 누가 아프면 마음을 합쳐 기도하는 치유 목장이 되었다. 치유된 것도 놀랍지만 그런 일을 통해 하나님의 살아 계심을 증거한 것이 너무도 기뻤다.

이 소식을 들은 다른 목장에서 병이 나면 우리 내외에게 기도 부탁을 해 왔다. 한번은 우리 부부가 전도하여 주님을 영접한 분이 있었는데, 우리에게 기도를 부탁했다. 그분은 워싱턴D.C.에서 가발장사로 큰돈을 벌었으나 남편의 외도로 가슴앓이를 하다가 결국 이혼했다. 남편에 대한 분노에 아이 둘을 키워야 하는 어려움이 겹쳐 당뇨가 심해졌고, 합병증으로 한쪽 눈이 실명되었는데, 스트레스가 계속되면서 다른 쪽 눈도 점점 나빠졌다. 설상가상 실명한 눈의 통증이 심해져 그 눈을 빼고 의안을 넣어야 할 지경이 되었다. 너무도 비참한 상황에 처한 그녀를 보니 마음이 아팠다. 그래서 함께 기도하자고 권했다.

"교회에 나오기 힘드실 테니 정확히 새벽 다섯 시에 일어나 그 자리에서 기도하세요. 우리는 교회에서 기도하겠습니다."

우리 부부는 매일 새벽기도 시간에 그분의 치유를 위해 중보기도 했다. 일주일 만에 그분으로부터 전화가 왔다.

"보이지 않고 통증이 심해 의안을 넣어야 하는 눈에 빛이 들어와요. 보이지 않던 눈이 보이기 시작했어요."

하나님이 치유해 주시는 게 분명하다는 생각에 빨리 병원에 가서 확인해 보라고 권했다. 안과에 가니 의사가 "이것은 기적입니다. 눈이 완전히 치유됐어요"라며 놀라워했다. "어떻게 이런 기적이 일어났느냐"는 의사의 물음에 그분은 "아는 집사님 부부가 만날 때마다 눈에 안수기도해 준다"고 답했다.

믿음이 깊어진 그분은 "내가 예수를 조금만 일찍 믿었더라면 내 남편 용서했을 텐데…… 그랬다면 내 몸이 이렇게 망가지지 않았을 텐데……"라며 후회했다.

치유의 기적을 체험한 그분은 믿음 생활을 잘했고 자녀들도 우리 교회에 나오면서 올곧게 성장했다. 몇 년 후 그분이 지병으로 세상을 떠나자 장례식에 전 남편이 참석하여 늦게나마 그분에게 위로가 되었다. 그 남편이 아이들을 자신이 사는 캘리포니아로 데려가서 아름답게 잘 마무리되었다.

나는 가끔 성도들에게 그분 얘기를 하면서 원수를 사랑하셨던 예수님 말씀을 상기시키곤 한다. 원수를 사랑하는 것은 원수를 위함이 아니라 나를 위함이다. 원수를 사랑해야 내가 원수 때문에 망가지는 것을 막을 수 있다.

주님을 만나고 내 모든 걸 걸었던 시절이었다. '말씀대로 제대로 살아 보겠다'고 결심하자 하나님이 '치유의 능력'을 주셔서 기적이 일어났다. 예수님이 내 삶에 개입하셔서 재 대신 화관, 슬픔 대신 기쁨 주실 것을 믿으니 겁날 게 없었다. 힘든 일이 생겨도 '하나님이 어떻게 일하실까'를 생각하면 오히려 흥미진진했다.

이런 기적을 많이 경험했던 나는 지금도 성도들에게 강하게 외친다.

"믿음으로 기도하면 하나님은 반드시 역사하십니다. 하나님의 역사를 목사만 보는 건 아닙니다. 누구든지 믿는 사람은 그 역사의 한복판에 설 수 있습니다."

안디옥침례교회 집사장 시절을 되돌아보면 순수했지만, 성품도 온유하지 못하고 능력도 없는 나를 써 주신 하나님께 감사하지 않을 수 없다.

Part 2.

평신도,
목사가 되다

chapter 6

하나님이 먼저
성광을 준비하셨습니다

●● 아내와 동역합니다

목회를 하려면 부부가 함께 소명을 받아야 한다. 만약 남편이 목사가 되려고 하는데 사모가 소명받지 못하면 완벽하게 도울 수 없다.

내가 안나산기도원에서 부름을 받은 뒤 새벽마다 깨어 잠을 제대로 못 자니 아내도 힘들어했다. 반대만 해서는 안 되겠다고 생각했는지 아내가 작정 기도를 시작했다. 목회의 길을 가기 싫어 기도하지 않고 피하기만 했던 아내는 내가 "사고 나기 전에, 사업 망하기 전에 가게 해달라"고 기도했다는 말에 더 이상 외면할 수 없었다고 했다.

"남편은 소명받은 게 확실한 것 같지만 저는 준비가 안 됐습니다. 사모님들 보니까 저와 너무 달라요. 멋이라곤 부릴 수가 없는 자리잖아요. 저는 죽으면 죽었지, 그렇게는 못 살아요. 저는 멋 부리면서 살고 싶어요."

아내는 하나님 앞에 자기 마음을 마구 토로했다. 그러자 하나님이 "네 모습 그대로 해라"라는 마음을 주셨다고 한다. 아내가 나에게 달려와서 "하나님이 내 스타일대로 하라고 하시네"라더니 "오케이!"라고 말했다.

지금이야 안 그런 분들도 많지만, 그때만 해도 대부분 목사 사모들은 검소한 데다 유행과는 거리가 먼 분들이 많았다. 사람들 앞에 드러난 자리고, 직분에 따라오는 많은 사람의 기대감 때문이었을 것이다.

아내는 결혼 전부터 굉장한 멋쟁이였다. 당시 백화점 VVIP 고객이었다. 그런데 검소한 사모들처럼 살려니 도저히 자신이 없었던 모양이다. 그런데 "네 모습 그대로 해라"라는 응답을 받은 후 아내는 더는 "No"라고 하지 않았다. 내가 하나님의 부르심을 받고 난 후 7년 만에 결심한 아내는 그날로부터 내 목회의 최고 파트너가 되었다.

목회는 반드시 사모와 동역해야 한다. 하나님이 나를 목회자로 부르실 때 아내도 함께 부르셨다고 생각했다. 그래서 나는 아내가 결심할 때까지 오랜 시간 기다릴 수 있었다. 목회를 시작할 때부터 나는 교회 중직자들에게 "저는 아내와 함께 동역합니다"라고 선포했다. 교회 홈페이지 '섬기는 사람들' 코너에 내 사진과 아내 사진을 나란히 게시했다. 그렇다고 특별한 직책이 주어지는 건 아니다. 아내의 사진 아래 '임영화 담임사모'라고 표기했을 뿐이다.

내가 말씀을 선포하고 교회 행정을 맡는다면 아내는 성도들을 세심히 보살피는 일을 담당하고 있다. 새벽기도를 마친 후 내가 성도들을 위해 안수기도할 때 아내도 옆에서 함께 기도한다. 어디든 나와 동행하며 힘을 북돋아 주는 것도 아내의 몫이다.

●● 별과 같이 영원히 빛날 교회

내가 안디옥침례교회 집사장 임기를 끝내고 교육사역 원장을 맡고 있을 때 담임목사가 새로 부임했다. 덕분에 짐을 좀 내려놓고 편안하게 교회 생활을 할 수 있었다. 그러던 어느 날 전혀 모르는 목사님이 내 사무실에 찾아와 나를 전도사로 청빙하고 싶다고 했다.

"무슨 말씀을 하시는지 모르겠네요. 만약 제가 전도사직을 맡으려면 우리 교회에서 하지 왜 알지도 못하는 교회로 가야 합니까?"

내 거절에도 그 목사님은 다시 찾아왔고, 세 번째는 우리 집을 방문했다. 그래도 내가 거절하자 그 목사님이 "기도하는 집사님이라고 소문났던데, 왜 기도도 해보지 않고 무조건 안 된다고 하십니까? 기도해 보시고 답을 주세요"라고 했다. 그래서 한 달간 기도하기로 결심했다. 하나님 뜻이면 두 가지 표징을 달라고 기도했는데, 어느 날 존경하는 목사님의 은퇴식에 초청받아 갔다가 말씀으로 두 가지 응답을 다 받았다. 돌아오는 차 안에서 아내와 대화하는 중에 응답이 확실하니 가는 게 맞다고 결론 내렸다. 청빙해 주신 목사님에게 연락을 드리니 "환영합니다. 하나님이 전도사님을 2년 안에 크게 키워 주실 것입니다"라고 축복해 주었다.

그렇게 나는 청빙받은 교회의 사정을 하나도 모르는 상황에서 그 교회에 가게 되었다. 교회에 가서 그동안 어려움이 많았다는 사실을 알았다. 교인들이 갈라서면서 장년이 57명 정도 남아 있는 상태였다. 당시 사업을 하고 있었던 나는 전도사 사례비를 받지 않았다. 전도사임에도 십일조를 가장 많이 하는 교인이었다.

전도사로 사역하면서 종종 교회 개척에 대한 하나님의 사인을 받았다. 나는 하나님께 "가능하면 이곳에서 전도사로 은퇴하게 해주세요. 만약 교회를 개척해야 한다면 이 교회 성도가 300명이 된 후에 가게 해주세요"라고 기도했다. 성도 300명은 담임목사님의 바람이기도 했다. 더불어서 "저희에게 맡기실 교회 이름도 알려 주세요" 하고 여쭈었다.

어느 날 밤, 꿈에서 내가 기도하는 모습을 봤다. 내가 꿈에서 "교회 이름이 무엇입니까?"하고 기도했다. 그러자 "너희 교회 이름은 성광이다"라는 음성이 들렸다. '성광'이라고 쓰인 현판도 보여 주셨다. 꿈에서 깨고도 너무 생생한 음성에 가슴이 두근거렸다. 아내를 깨워 꿈 이야기를 들려주었다. 아내는 잠결에 일어나 대답했다.

"하필이면 성광이 뭡니까? 기억 안 나요? 고향에서 그런 이름의 학교가 있었잖아요."

"그러게, 그런데 그게 어디 내가 정한 건가? 하나님이 주신 걸 어떡하나?"

아내는 심드렁하게 반응했다. 하지만 나는 꿈속에서 하나님이 '성광'이라는 이름을 주신 건 분명한 뜻이 있다는 생각을 품었다.

2000년 11월경, 안디옥침례교회를 함께 섬겼던 정 집사님에게 연락이 왔다. 새로운 집으로 이사를 하는데 집들이 겸 몇 가정을 초대했으니 예배를 드려 달라고 부탁했다. 아내와 함께 가 보니 열네 가정의 스물여덟 명이 모여 있었다. 예배가 끝난 후 정 집사님이 이런 얘기를 했다.

"저희는 기도 가운데 새로운 교회를 개척하기로 마음먹었습니다. 임용우 전도사님을 저희 교회 담임으로 초청하기로 결정했습니다. 전도사님이 결단을 내려 주시면 좋겠습니다."

갑작스러운 발언에 당황했지만 그간 기도하며 하나님께 받은 확신을 나누었다.

"사실 저 역시 하나님으로부터 교회를 개척하라는 사인을 여러 차례 받았습니다. 이미 교회 이름까지 받았는데 하나님이 모든 것을 예비하신 것 같다는 생각이 듭니다. 꿈에 하나님이 '성광'이라는 교회 현판을 보여 주셨습니다."

내 말에 정 집사님이 깜짝 놀라며 외쳤다.

"하나님이 제게 주신 이름도 '성광교회'입니다!"

이보다 더한 확증은 있을 수 없었다. 하나님이 교회 이름과 함께 같이 할 사람들까지 예비해 두신 것이다.

기도한 대로 전도사로 있던 그 교회는 2년 만에 300명 출석교회로 성장했다. 그해 12월의 마지막 주일에 이임 인사를 마치고, 31일 우리 부부는 정 집사님 댁에서 스물여덟 명의 성도와 함께 송구영신 예배를 드렸다. 그리고 2001년 1월 1일 하나님의 인도하심 속에서 워싱턴성광교회가 발족했다.

안디옥침례교회에 있을 때 인연을 맺었던 남가주새누리교회의 박성근 목사님께 전화로 성광교회 개척 소식을 알렸다. 박 목사님은 새로운 교회 개척을 진심으로 기뻐하며 축하해 주었다. 교회 이름을 짓게 된 사연과, 주신 말씀은 다니엘서 12장 3절이라고 하니 "그러면 성광은 별 성(星)자에 비출 광(光)입니다"라고 하셨다.

"많은 사람을 옳은 데로 돌아오게 한 자는 별과 같이 영원토록 빛나리라"는 말씀에 따라 우리교회는 워싱턴 지역에서 빛나는 별, 즉 샤이닝 스타(Shining Star)가 될 것을 확신했고 영어 이름을 'Shining Star Community Church'로 정했다.

●● 공짜가 만들어 낸 한마음

정 집사님의 타운하우스 지하에서 교회가 시작되었다. 나중에는 주일에 예배드릴 수 있는 미국교회를 알아봤다. 한인들이 워싱턴D.C.쪽과 가까운 알링턴지역에서 서쪽의 페어팩스 지역으로 대거 이주하기 시작하던 시점이었다. 집사님 몇 분과 상의해 페어팩스의 미국교회를 빌리기로 했다. 하지만 그 지역 대부분의 미국교회가 한인교회에 렌트를 해준 상태였다.

얼마 후 한 성도로부터 연락이 왔다. 페어팩스 지역에 렌트가 가능한 미국교회가 있다는 소식이었다. 가 보니 예배당과 채플이 함께 있어 청소년과 같은 시간에 예배드릴 수 있어 좋았다. 렌트비도 부담이 크지 않았다. 성도들과 함께 교회를 방문해 보고 계약하기로 결정했다.

계약 하루 전날, 아내가 기도하는 가운데 성령의 음성을 들었다.

"알링턴으로 가라. 알링턴으로 가라."

알링턴은 우리가 있던 곳에서 꽤 멀고, 한인들이 대거 떠난 지역이어서 우리가 제외했던 곳이다. 이미 많은 한인교회가 문을 닫은 곳이기도 했다. 그런데 그곳으로 가라니 상식적으로 맞지 않다는 생각이 들었다. 고민하는 나에게 아내는 하나님이 주신 말씀이니 한번 가 보자고 했다. 그래서 계약을 잠시 미루고 아내와 함께 알링턴으로 갔다.

관계자의 안내로 교회를 둘러보는데 "와! 바로 이 교회구나!"라는 환호성이 터져 나왔다. 1,400석 규모의 큰 예배당과 교회학교가 사용하기에 적합한 채플, 실내 체육관, 수십 개의 교실을 갖추고 있었다. 하나님이 예비하셨다는 확신이 들었다. 구체적인 조건을 알아보려고 했지만 담임목사님이 출타 중이어서 그냥 돌아왔다.

교인들에게 우리 부부가 알링턴에서 본 교회 이야기를 하자 모두 반대했다. 이유는 처음에 우리가 그 지역을 제외했던 이유와 같았다.

"30~40분 이상 운전해야 하는 거리여서 새벽기도회 참석이 어렵습니다. 기존 교인들은 그렇다 해도 새로운 교인이 오지 않을 겁니다."

여기저기서 우려 섞인 말들이 터져 나왔지만 일단 토요일 새벽 기도 후 다 함께 그 교회를 방문하기로 했다.

드디어 토요일 이른 아침, 알링턴의 교회에 도착했다. 일전에 만나지 못했던 폴리 담임목사님이 우리를 반갑게 맞아 주었다. 교인들은 교회 건물을 보고 "크고 좋기는 한데 너무 멀어요"라고 했다. 나이 많은 안수집사님 부부가 가장 못마땅해했다. 아내는 내가 폴리 목사님을 만나는 동안 예배당에서 "하나님 무엇이든 모든 분의 마음이 하나 되게 해주세요"라고 기도했다. 성도들은 교회 규모를 보고 "이곳을 빌린다고 해도 렌트비가 비싸겠는 걸요? 페어팩스교회의 두세 배는 들겠어요"라며 걱정했다.

그런데 교회 안내를 마치고 폴리 목사님에게 뜻밖에 반가운 이야기를 들었다.

"임 전도사님, 지난번 한인교회가 경제적으로 어려워 우리 교회가 매월 2,000달러를 지원했습니다. 사실 조금 힘들었습니다. 만일 전도사님이 사역하는 교회가 우리 교회로 들어온다면 렌트비를 받지 않겠습니다. 대신 경제적 지원은 못 합니다. 그게 렌트 조건입니다."

성도들에게 폴리 목사님이 내건 조건을 전하면서 "렌트비는 무료랍니다"라고 하자 모두 "할렐루야!"를 외쳤다. 나이 많은 안수집사님 부부가 가장 좋아했다. 공짜가 모두 한 마음이 되게 했다.

성도들은 매일 새벽 30분 이상 운전하여 새벽기도회에 참석했다. 하나님의 은혜 가운데 1년 만에 성도가 180명으로 성장했다.

한인들이 살지 않는 지역인데 어디서 오는지, 신기하고 감사한 일이었다. 말씀에 순종하면 하나님이 책임지신다는 것을 다시금 실감했다. 하나님이 예비하신 곳이라면 거기가 어디든 부흥시켜 주신다. 목회에 담대해지지 않을 수 없었다. 목회자로 부르신 분이 하나님이시니 내가 바른 신앙만 갖고 있다면 하나님이 다 책임지신다는 강한 확신이 들었다.

●● 내가 벌써 준비해 놓았다

우리 교인이 200명으로 불어났을 때 '이 교회가 우리 것이 되지 않을까' 하는 기대가 일었다. 미국교회는 성도가 많지 않았기 때문이다. 그런데 미국교회에서 교회 건물에 신학교가 들어오니 3개월 안에 나가 달라고 우리에게 통보했다. 김칫국만 잔뜩 마시다가 일격을 당한 것이다. 우리 교회로 생각하고 있었는데 나가라니, 막막함이 밀려왔다.

몇 주 동안 성도들에게 말을 꺼내지 못했다. 도울 힘도 없는 성도들의 근심만 키울 게 분명했기 때문이다. 당시 성도의 대부분은 영주권이 없었고 집을 보유한 가정도 얼마 되지 않았다. 이사갈 만한 미국교회를 알아봤지만 성도가 200명이라는 말에 다들 고개를 저었다. 기도 외에는 방법이 없었다.

그렇게 두 달이 지났다. 여전히 해결책은 없었다. 미국교회에 몇 달 연장을 부탁했으나 이미 신학교가 들어오기로 했다면서 한

주도 연장할 수 없다고 했다. 어느 날 수요예배를 앞두고 예배실에서 "하나님, 저는 목회를 할 만한 사람도 아닌데 하나님이 군이 불러내셨잖아요. 지금 미국교회에서 나가라고 하는데 어디로 가야 합니까. 아무리 찾아봐도 갈 곳이 없습니다"라고 부르짖었다. 그때 하나님의 음성이 들렸다.

"내가 이미 다 준비해 놓았다. 너는 내 일만 열심히 해라."

그 순간 모든 염려와 걱정이 사라졌다. 어떤 장소가 떠오르거나 누구에게 연락을 받은 건 아니지만 아내에게 응답받은 내용을 얘기했다. 그러자 아내가 "오늘 수요예배에서 교회를 이전해야 한다는 것과 주님이 주신 마음을 믿음으로 성도들에게 공포하세요"라며 용기를 주었다. 그날 수요예배에서 성도들에게 사정을 전하고 다른 장소를 찾아야 한다고 하자 불안한 마음으로 웅성거리기 시작했다

"걱정하지 마세요. 하나님이 모든 것을 준비해 놓으셨다고 했습니다. 이제부터 하나님이 준비해 두신 그 장소를 찾을 수 있도록 릴레이로 금식하며 기도합시다."

그날부터 성도들이 한마음으로 기도하며 우리 교회가 이사 갈 수 있는 장소를 찾기 시작했다. 새로운 예배처를 찾는 일이 생각만큼 쉽지 않았지만 반드시 약속을 지키시는 하나님을 굳게 믿었다.

●● 교회는 하나님을 예배하는 곳입니다

기도하는 가운데 아는 목사님을 통해 내쇼널가든뱁 티스트처치를 소개받았다. 깔끔하게 지은 전형적인 교회 건물로 600명이 들어갈 수 있는 예배당과 200명이 예배드릴 수 있는 채플 건물로 구성되어 있었다. 두 건물에 조성된 교실은 50개가 넘었다.

교회 담임목사님에게 연락해 상황을 물어보니 렌트가 가능할 것 같다고 하기에 찾아갔다. 목사님은 렌트 제안서를 만들어 오면 교인들과 의논해 보겠다고 했다. 예배당을 돌아보고 나오는데 건물을 사고 싶다는 생각이 강하게 일어났다. 다시 돌아가서 교회 건물을 팔 생각이 있는지 물어보자 고개를 가로저었다. 얼마 전 몇 교회로부터 거래 요청을 받았지만, 성도들이 이 교회를 팔고 어디로 가느냐며, 죽을 때까지 이 교회를 지키겠다고 하며 거부했단다. 그래도 오퍼는 받을 수 있지 않으냐고 되묻자 렌트제안서와 인수제안서를 함께 준비해 오라고 했다.

그날 밤 내가 그 교회 담임목사로 취임하는 꿈을 꾸었다. 교회 들어가는 쪽에 있는 집과 교회가 연결된 모습도 보였다. '아, 하나님이 이 교회를 우리에게 주셨구나. 입구의 집도 우리에게 주셨구나'라는 확신이 들었다. 실제로 우리가 교회를 구입하고 얼마 지나지 않아 찾아온 집주인이 시세에 맞게 팔고 싶다고 요청해 와 바로 매입했다.

교인들과 함께 두 개의 제안서를 준비했다. 하나는 교회 건물 전체를 100만 달러에 구입하는 인수제안서이고, 다른 하나는

2,000달러의 월세를 지불하는 렌트계약 제안서였다. 당시 시세로 300~400만 달러 하는 건물이었다. 그런 곳을 100만 달러에 사겠다는 제안 자체가 무리였다. 하지만 고민하고 기도하는 가운데 근거를 갖고 정한 금액이었다. 예배 공간을 빌리기 위해 여러 곳을 알아보니 평균적으로 매월 7,000달러 정도의 렌트비를 요구했다. 은행에서 100만 달러를 융자받으면 매월 내야 하는 이자가 7,000달러 정도여서 그렇게 정한 것이다.

우리는 인수제안서에 25만 달러를 들여 주차장을 확장하고 새롭게 단장하겠다는 것과 미국교회가 30년간 무상으로 원하는 시간에 예배를 드릴 수 있다는 조항을 추가했다. 미국교회 교인들에게 설명할 수 있도록 프레젠테이션 자료도 만들었다.

미국교회 목사님과 교인들은 우리 제안에 말도 안 된다는 반응을 보였다. 한 미국 성도가 "다른 교회의 350만 달러 제안에도 팔지 않았다"고 말했고, 그 말을 듣던 다른 성도들도 가당치도 않다며 웃었다. 그 모습에 속이 상했다. 나는 미국 교인들에게 강하게 말했다.

"이 교회 건물은 당신들 소유가 아닙니다. 교회는 우리 주님의 것입니다(This building does not belong to you. This building belongs to our Lord Jesus Christ). 주님 앞에 섰을 때 교회를 비싸게 팔았다고 칭찬받을 것 같습니까? 그렇지 않을 겁니다. 교회는 하나님을 예배하는 장소여야 합니다. 인종을 떠나 하나님의 백성들과 자유롭게 나눌 수 있어야 합니다. 교회는 하나님의 집이니까요. 이 성전을 구입하면 이곳에서 예배하고자 하는 사람들과 자유롭게 공간을 나누고 싶습니다."

교회 매입 후 실제로 그 지역에서 처음으로 몽고인교회가 개설되었다. 나는 더 강하게 도전했다.

"이 건물을 팔아 돈을 더 받는 게 목적이라면 건축업자에게 파셔야 합니다. 그러면 하나님 앞에 가서 떳떳하겠습니까? 저희는 이 건물을 사도 좋고, 안 사도 좋습니다. 이 문제를 놓고 진지하게 기도해 보길 부탁드립니다. 하나님이 어떤 마음을 주시는지, 무엇을 원하시는지 알아보고 결정해 주십시오."

믿음의 본질에 충실한 발언에 미국 성도들은 충격을 받은 모습이었다. 20여 명의 미국 성도가 논의하더니 "한 달간 함께 기도한 후 다시 모여 결정하겠다"고 했다.

모임을 마치고 나오면서 성령께서 내 마음과 입술을 주장하셨다는 고백이 나왔다. 내 입을 통해 하나님이 말씀하신 것이다. 하나님이 일하신다는 확신이 오자 우리가 해야 할 일은 하나님 마음 중심에 들어가는 것뿐이었다. 우리 마음의 중심 초점을 교회 건물이 아니라 오직 하나님께로만 맞추기로 했다.

●● 하나님의 거래

우리가 할 수 있는 최선의 일은 기도였다. 우리는 한 달 동안 릴레이 금식기도를 시작했다. 우리 교회에서는 행사나 집회를 준비할 때마다 릴레이 금식기도를 드린다. 워낙 자주 금식기도를 했더니 한국에서 워싱턴으로 파견 나와 3년간 출석했던 한 성도가 "성광교회에 더 오래 다니다가는 금식 때문에 순교하겠습니다"라고 말해 웃은 적이 있다. 그분은 "성광교회에서 금식기도 할 때마다 하나님이 선한 방법으로 응답하시는 것을 보며 큰 도전과 은혜를 받았다"고 고백했다. 그분의 고백대로 우리가 금식하며 기도하면 하나님이 반드시 선하게 응답해 주셨다. 하나님은 우리의 신음까지도 들으시는 섬세하신 분이다. 금식기도의 경험이 있었기에 이번에도 하나님이 응답하실 일을 기대했다.

한 달 정도 지나자 미국교회 담임목사님으로부터 전화가 왔다. "임 목사님, 축하합니다. 교인총회에서 목사님이 제안하신 조건대로 워싱턴성광교회에 건물을 넘겨주기로 결정했습니다."

우리 성도들은 크게 기뻐하며 "할렐루야!"를 외쳤다. 하나님이 신실하게 인도해 주신 것을 확인한 우리는 벅찬 마음으로 감사를 드렸다. 시세의 4분의 1 가격으로 교회 건물을 인수하게 된 건 기적이었다.

그런데 막상 계약을 앞두고 문제가 생겼다. 갑자기 미국교회 쪽에서 변호사를 대동해서는 요구사항을 정리한 합의서를 우리 앞에 내밀었는데, 그 내용이 기가 막혔다. 요약하자면 '어떤 행사를 하든지 교회 건물 사용에 우선권을 갖는다. 그간 성도들이 헌금해서 꾸민 교회 시설을 사전 동의 없이 함부로 개조하거나 철거하지 않는다. 현재의 예배 시간을 변경하지 않는다. 건물에 대한 우선 사용권을 그대로 유지한다'는 등의 내용이었다. 조건을 그대로 수용하면 건물을 인수하는 의미가 없을 정도였다.

과연 여기가 우리 교회가 들어갈 자리가 맞는지 회의가 일었다. 미국교회 교인들은 합의 조항을 하나도 양보할 기색이 없었다. 알링턴의 교회에서 나가기로 한 날짜는 시시각각 다가오는데 그들은 전혀 우리 형편을 생각해 주지 않았다. 그 모습을 보면서 '이건 아니다'라는 생각이 들었다. 그런 조건이라면 차라리 포기하는 게 나을 것 같았다.

만일을 대비해 다른 예배 장소를 물색했다. 마침 인근의 조지메이슨고등학교 강당을 빌릴 수 있다는 연락이 왔다. 그동안 중국인 예배가 열렸는데 현재 사용하지 않는다는 소식이었다. 교회 지도자들과 의논한 뒤 미국교회 계약을 파기하고 조지메이슨고등학교에서 예배드리기로 했다. 그렇게 결정하자 마음이 가벼웠다. 하지만 미국교회의 상식 없는 행동을 그냥 넘길 수는 없었다. 나는 미국교회 교인들과 다시 만나고 싶다는 의사를 전달했다.

그들은 자신들의 의견이 관철된 걸로 여기는 표정이었다. 그런데 우리 측 변호사와 함께 나타난 내가 예상치 못한 말을 던지자 놀라는 듯했다.

"오늘부로 교회 인수 건을 없었던 일로 하겠습니다. 우리는 건물이 필요한 게 아니라 하나님께 예배드릴 장소가 필요했습니다. 우리 모두는 하나님 안에서 한 형제고 교회는 주님의 것입니다. 그러나 당신들이 지금까지 보여 준 행동은 예배처를 넘겨준다기보다 건물을 매매하고자 하는 것이었습니다. 더 좋은 조건으로 매도하기 위해 한 달이 넘도록 협상하고 변호사를 동원해 법적인 이야기만 했습니다. 사회와 다를 바 없었습니다. 우리 교회는 이런 방식으로 이 교회에 들어오고 싶지 않습니다. 포기하겠습니다. 이제까지의 협의 과정에서 우리가 법적으로 책임져야 할 것이 있다면 우리 측 변호사를 통해 모두 책임지겠습니다."

나는 엄중한 목소리로 "노 딜"(No deal)을 외치고 변호사와 함께 나왔다. 나의 단호한 말에 당황했는지 가장 반대가 심했던 교인이 황급히 따라 나오며 "목사님, 조금만 더 이야기합시다"라고 말했다. 나를 다른 방으로 데려가 진정시키더니 잠시 나갔다 오겠다며 기다려 달라고 했다. 그러더니 얼마 후 그 교회 대표가 들어와서는 "축하합니다. 우리 모두는 워싱턴성광교회가 처음에 제안한 조건으로 교회를 넘기기로 결정하고 사인했습니다"라며 서류 뭉치를 건네주었다.

하나님의 함께하심이 느껴져 너무나 감격스러웠다. 나는 모든 것을 포기하고 하나님 아버지의 심정으로 미국교회가 제시한 조건들을 반박했을 뿐이다. 하나님은 나의 포기 선언을 통해 미국 성도들의 마음을 움직여 주셨다. 아무런 조건 없이 계약이 성사되도록 이끌어주신 것이다. 그길로 나는 교회를 인수하게 되었다는 기쁜 소식을 우리 교회 성도들과 나눴다. 우리는 모두 한마음으로 "할렐루야!"를 외쳤다.

다음날 나는 조지메이슨고등학교 임대를 알아본 집사님에게 강당 임대를 취소해 달라고 부탁했다.

"목사님, 정말 다행입니다. 사실 저도 오늘에서야 알았는데 중국교회에서 계속 사용하고 있었더라고요. 지난번에 정보를 잘못 주었다며 어떻게 그런 정보를 주었는지 모르겠다는 얘기를 들었습니다. 어차피 우리 교회가 임대할 수 없었습니다."

나는 순간 머리를 한 대 얻어맞은 듯 멍해졌다. 이 사실을 하루 전에만 알았어도 내가 미국 성도들에게 그토록 배짱 있게 큰소리칠 수 있었을까. 생각만 해도 아찔했다. 동시에 하나님이 일하셨다는 생각에 웃음이 터져 나왔다.

"그래요? 저는 그 고등학교 강당 임대가 가능한 줄 알고 계약을 파기하겠다고 큰소리쳤잖아요. 하나님이 성전을 향한 열심으로 큰소리치라고 우리 눈을 잠깐 가리셨던 것 같네요."

하나님의 생각은 인간의 생각과 다르다. 그렇기 때문에 어떤 상황에서도 하나님 나라를 우선순위에 두어야 한다. 계속해서 이사야 55장 6절에서 9절까지의 말씀이 떠올랐다.

"너희는 여호와를 만날 만한 때에 찾으라 가까이 계실 때에 그를 부르라 악인은 그의 길을, 불의한 자는 그의 생각을 버리고 여호와께로 돌아오라 그리하면 그가 긍휼히 여기시리라 우리 하나님께로 돌아오라 그가 너그럽게 용서하시리라 이는 내 생각이 너희의 생각과 다르며 내 길은 너희의 길과 다름이니라 여호와의 말씀이니라 이는 하늘이 땅보다 높음 같이 내 길은 너희의 길보다 높으며 내 생각은 너희의 생각보다 높음이니라."

chapter 7

삯꾼 목자는
되지 않겠습니다

●● 전도사에서 목사로

나는 워싱턴성광교회를 시작하고도 목사 안수를 받지 않아 전도사로서 교회를 담임했다. 신학교에서 학점을 다 이수하여 안수만 받으면 되는 상황이었지만 구태여 목사 안수를 받을 이유가 없다고 생각했다. 안디옥침례교회에서 집사장으로 교회를 이끌 때 아무런 불편이 없었다. 오히려 같은 평신도 입장이니 성도들과 소통하기에 편했다.

워싱턴성광교회 담임을 맡고도 사업체를 그대로 유지했다. 아내는 내가 십일조를 많이 내면서 교회에서 일하는 것을 좋아했다. 아내의 기도대로 나는 교회의 담임이면서 가장 십일조를 많이 내는 교인이었다. 사례비를 받을 필요도 없었다.

그런데 점차 문제가 생기기 시작했다. 부사역자로 목사를 초빙하자 담임은 전도사인데 부사역자는 목사인 웃지 못할 일이 벌어졌다. 내가 안수를 받지 않았으니 축도를 못 해 예배를 주기도문으로 마쳐야 했다. 교회에서 담임을 맡고 있지만 회사에서는 다들 사장님으로 부르니 나 자신부터 정체성의 혼란이 오기 시작했다.

결국 미국 남침례교단에서 목사 안수를 받았고, 교회를 맡은 지 3년 만에 사업체를 정리했다.

●● 나의 아론과 훌

교회를 매입하여 입주한 첫 달에 전기세가 4,000달러나 나왔다. 교회를 빌려 쓸 때는 나오지 않았던 지출이었다. 미국 교회 분들에게 문의했더니 상당한 크기의 호텔이라고 생각하면 된다며, 부대 비용이 많이 드는 건물이라고 했다.

그래서 새벽기도회를 본당과 채플이 아닌 청소년홀에서 드리기로 했다. 당시 새벽기도회에 출석하는 인원이 열다섯 명 남짓이었다. 그나마도 장로님 세 분 가운데 두 분은 항상 졸았다. 한 분은 아예 목을 꺾은 채 자고 다른 한 분은 눈을 뜬 채 자지 않는 척하며 졸았다. 그 모습을 보니 '내가 이런 분들하고 무슨 목회를 하나' 하는 회의가 들었다. 그래서 성도들에게 "여러분, 우리 교회는 셀 목장인 가정교회 모임을 중요시하니, 이제부터 새벽에는 예배당만 오픈하고 설교는 하지 않겠습니다. 그러니 기도만 하시고 돌아가세요"라고 공지했다. 다음 날 새벽에 온 사람은 성경책도 안 갖고 온 일곱 명이 전부였다.

그날 밤 새벽에 항상 조는 두 분 장로님이 꿈에 등장했다. 위에서 하얀 밧줄이 내려와 두 분을 꽁꽁 묶더니 "이 사람들이 너에게 아론과 훌이다"라는 음성이 들렸다. 놀라서 벌떡 일어났다.

다음 날 새벽기도회에 가니 성도들이 불도 켜지 않은 성전에서 기도드리고 있었다. 내가 불을 켜고 강단에 올라가서 "여러분, 오늘부터 설교합니다. 제가 잘못했습니다"라고 말하며 꿈 얘기를 들려주었다.

"새벽에 오신 여러분이 제게는 아론과 훌입니다. 졸든 말든 새벽을 깨우는 것을 하나님이 기뻐하십니다. 새벽에 오셔서 엉덩이 도장만 찍고 가도 여러분은 저의 아론과 훌입니다. 이제부터 창세기부터 강해 설교하겠습니다."

얼마 안 가 새벽기도회에 50명이 모였다. 그로부터 우리 교회 새벽기도회의 전통이 시작되었다. 요즘도 매일 100명 이상이 모이고 토요일에는 200명 이상이 자녀를 동반하고 출석한다. 일 년에 두 번 열리는 특별새벽기도회 때는 300명 이상 모여 주차장이 모자랄 지경이다.

모든 것은 하나님이 하신 일이다. 내가 무식하고 어리석어 무엇을 해야 할지 모를 때 하나님이 꿈으로, 음성으로 깨우쳐 주셨다. 나는 성도들에게 자주 "하나님이 순간순간 말씀으로 알려 주시지 않았다면 나 같은 자가 어떻게 목회를 할 수 있었을까요"라고 실토한다.

새로운 성도가 오는 것을 하나님이 꿈으로 보여 주실 때도 있다. 한번은 꿈에 어떤 사람이 교회 안을 둘러보고 나가더니 얼마 후 깃발을 높이 들고 들어왔다. 뒤이어 많은 사람이 줄을 서서 교회 안으로 들어왔다. 잠에서 깨어 아내에게 "A 교회 교인들이 줄을 서서 우리 교회에 들어오는데 무슨 일인지 모르겠어요"라고 말했다.

얼마 지나지 않아 A 교회에서 갈라져 나온 사람들이 개척교회를 세웠다. 그런데 개척한 교회에서 문제가 생기자 여러 사람이 우리 교회로 왔다. 얼마 후 또 다른 분들이 우리 교회에 등록했다. 하나님이 이분들이 올 것을 미리 알려 주신 것이다. 참 신기한 일이다.

●● 매사 교회에 유익하라

함께 일할 사람을 잘 선택하는 것은 대단히 중요한 일이다. 그래서 나는 개척 초기에 교회 최고 의결기관인 실행위원회 위원들에게 사례비는 의논해서 결정하지만 인사권은 나한테 일임해 달라고 요청했다. 부목사는 담임목사를 대행하기 때문에 나와 마음이 맞지 않으면 함께 일할 수 없기 때문이다. 나의 요청에 중직자들이 인사권을 나에게 일임했다.

나는 사업을 20여 년간 했고 목회를 22년째 하고 있다. 사회에서나 교회에서나 사람을 고르는 기준은 똑같다. 첫째, 정직해야 하고, 둘째, 성실해야 한다. 사업을 하든 목회를 하든 정직과 성실은 중요한 덕목이다. 정직하지 않은 사람은 무슨 일을 벌일지 알 수 없다. 정직해야만 믿을 수 있다. 또 성실한 사람은 열심히 하는 가운데 능숙해지지만, 능력이 있어도 부정직하거나 불성실한 사람은 나중에 반드시 문제를 일으킨다. 그래서 나는 사업을 할 때 좀 우둔하더라도 정직하고 성실한 사람과는 오래 일했다. 재주가 좋아도 신뢰할 수 없는 사람과는 결코 오래갈 수 없다. 사역자를 뽑을 때 기도하여 응답받고 선정하지만 가장 중요한 것은 진실성이다. 정직하고 성실한 사람이 목회도 잘한다.

목회자라고 해서 다 정직한 것은 아니다. 교만한 사람도 있고, 사람을 선동해서 반기를 드는 경우도 봤다. 그래서 사역자 훈련 때 '부목사는 담임목사를 대행한다. 안수집사와 장로도 담임목사를 대행한다. 중직자들은 담임목사를 대행해 교회를 대표해서 말하고 행동해야 한다. 성도를 대행하면 안 된다'는 걸 분명히 전한다. 성도들이 불만을 말할 때 사역자와 중직자들이 "그래도 우리 교회에 이런 좋은 점이 있지 않나. 더 기도하고 열심히 하자"며 달래야 하는데 성도 편에 서서 평신도 대표들이 하는 말을 대변하면 안 된다. 왜냐하면 평신도들은 의견이 관철되지 않으면 편당을 만들든지 교회를 떠나기 때문이다.

사역자들은 평신도 대표들의 얘기를 교회 차원에서 다 들어야 한다. 나는 부사역자들에게 성도들이 지적하는 문제를 가감 없이 전해 달라고 요청했다. 평신도들이 지적한 부분을 교회 차원에서 해결해 나가야 하는데 사역자가 평신도 측에 서서 입을 맞추고 그들을 대변하면 문제 해결은커녕 혼란만 일어난다.

부사역자를 훈련시킬 때 또 하나 강조하는 사안이 있다.

"당신 때문에 시험 드는 성도가 있으면 같이 보따리 싸서 떠나십시오."

지금까지 우리 교회에서 일한 사역자 가운데 스스로 교회가 싫어서 나간 사례는 없다. 다만 교회는 성장하는데 사역자의 역량이 제자리걸음할 때 "자신의 그릇을 넓히든지, 그게 안 되면 당신에게 맞는 곳을 찾으세요"라고 권면해 떠난 사람은 있다. 교회도 한편으로 생각하면 '영적 기업'이다. 교회에서 사례를 받는 사람들은 매사 교회에 유익이 되어야 한다.

한 번은 다른 교회 부목사가 성도들을 데리고 우리 교회로 왔다. 담임목사가 부목사를 컨트롤하지 못해 교회가 두 쪽으로 갈라지면서 풍비박산이 났다고 했다. 나는 그 부목사에게 "우리 교회에 받아 줄 수 없습니다"라고 분명하게 말했다. 평신도 측에서서 교회에 분란을 일으킨 목사를 받아들일 수는 없는 일이다.

나는 부사역자를 담임목사와 동등한 동역자라고 생각한다. 그래서 부사역자들에게 일일이 지시하기보다 권한을 위임해 주었다. 각 부서마다 담당한 부사역자가 알아서 판단해 운영하도록하고 있다. 일주일에 두 번 사역자 회의를 하는데, 그 자리는 지시하고 보고받는 자리가 아니라 교회 내의 모든 상황을 공유하는 시간이다. 우리 교회의 각 부서가 어떻게 돌아가는지 다 같이 파악하여 서로 돕고 기도하며 문제를 해결해 나가기 위한 모임이다.

각 부서 위원장은 긴급할 경우 1,000달러까지는 '선 지불 후 보고' 방식을 채택하고 있다. 큰 액수는 교회 차원에서 논의하여 사용하지만 1,000달러 이하는 부서에서 필요하면 언제든 먼저 사용하고 나중에 보고하게 했다. 그래야 자율적으로 활동할 수 있기 때문이다. 사역자 자신에게 필요한 사안은 100달러까지 먼저 사용하고 나중에 보고받는다. 우리 교회는 재정문제뿐만 아니라 대부분의 사안을 '선조치 후보고' 형식으로 운영한다. 그만한 권한이 있어야 책임지고 나아갈 수 있기 때문이다.

●● 이게 무슨 교회입니까

목회 초기부터 외부 집회 요청이 있었지만 대부분 거절했다. 남들 앞에 서는 것을 별로 좋아하지 않는 데다 우리 교회 일만 해도 벅차 외부 요청을 받아들일 수 없었다. 목회 세미나를 열어 벤치마크할 수 있게 해달라는 요청도 많다. 도저히 물리치지 못해 부득이 몇 번의 집회 요청에 응한 적이 있다.

노스캐롤라이나 페이츠빌에 위치한 교회에서 세 번이나 초청이 왔지만 계속 거절했는데 기도 중에 가야겠다는 감동이 왔다. 페이츠빌은 군인만 20만여 명이 사는 도시로 미군과 국제결혼한 한인이 많이 사는 곳이다. 나를 초청한 교회는 페이츠빌에서 큰 교회에 속했지만 담임목사님의 건강이 좋지 못해 목회가 원활하지 않았다.

금요일 첫날 집회에 40명 정도 모였다. 유명한 목회자가 가도 잘 모이지 않는다는데, 많이 알려지지 않은 내가 갔으니 당연한 결과였다. 그런데 토요일 새벽부터 사람들이 몰려오기 시작했다.

그 교회뿐 아니라 다른 교회 성도들까지 와서 교회당이 꼭 찼다. 복음과 함께 선교에 대한 도전을 전했다.

집회를 진행하는 동안 그 교회의 문제가 보였다. 담임 목사님의 건강이 좋지 않다 보니 몇 명의 부사역자들이 교회 안에서 당을 지어 세력을 형성하고 있었다. 나는 집회 도중에 부사역자들을 모두 앞으로 불러냈다.

"목사님, 부사역자들을 모두 내보내세요. 이게 무슨 교회입니까? 담임 목사님을 제대로 보필하지 못하는 부사역자는 오히려 교회에 독이 됩니다. 아무리 똑똑해도 교회의 기강을 흐리는 사람은 필요 없습니다!"

부사역자들의 얼굴이 시퍼렇게 변했다. 집회가 끝난 뒤 아내는 담임목사 사모에게 이렇게 말했다.

"제가 들어 보니 성도들이 사모님 흉을 보더라고요. 담임 목사님은 심장의 60퍼센트가 기능하지 못해도 새벽기도회에 나오는데 사모님이 나오지 않는다고요."

사모님이 머뭇거리다 저혈압 때문이라고 하자 아내가 더 강하게 말했다.

"저도 저혈압이 심해요. 그래도 지금까지 새벽기도회에 빠진 적이 없어요. 죽으면 죽으리라는 심정으로 예배의 자리를 지켰어요. 죽으면 천국 가는데 왜 건강 핑계 대고 예배에 빠져요. 이런 상태에서 어떻게 성도들에게 헌신을 말할 수 있겠어요. 목사님이 몸이 아파 나오지 못해도 사모님이 새벽예배 자리를 지키면 교회는 반드시 세워집니다. 사모님이 헌신하지 않으면 목회가 잘 될 수 없습니다."

우리는 받은 사례비에다 지갑에 있던 돈까지 보태 담임목사님에게 드리면서 "이제부터 목회와 선교에 전념해 보세요. 하나님만 바라보고 죽을 각오로 사역해 보세요. 반드시 기적이 일어납니다"라고 격려했다.

얼마 후 그 교회 목사님이 전화를 걸어와 흐뭇한 소식을 들려주었다.

"임 목사님, 제가 선교사 출신이면서 이 핑계 저 핑계 대며 선교를 못했습니다. 목사님이 다녀가신 후 바로 선교를 시작했습니다. 단기 선교팀을 보내고 협력 선교를 시작하니 교회가 부흥하고 있습니다."

나는 부사역자들에게, 아내는 사모님에게 강하게 권면했는데 불편하게 듣지 않은 것 같아 마음이 놓였다.

외부 초청에 응하지 않는 나에게 우리 교회 부사역자들이 좋은 평가를 내려 주었다.

"많은 사람이 크고 우람하고 웅장한 거목을 좋아합니다. 목사님이 성공한 목회자로 이름을 알릴 수 있는 기회가 와도 대외활동을 안 하시는 모습에 놀랐습니다. 거목보다는 뿌리를 깊게 내리는 고목이 되려는 모습 같았습니다. 겉모습에 치우치지 않고, 어떤 상황에도 흔들리지 않고, 그 자리를 지키는 모습이 마음에 남았습니다. 화려한 거목보다 굳건히 자리를 지키는 고목 같은 목회를 하겠습니다."

우리 교회 일만 해도 바빠서 안 나가는 것뿐인데 그렇게 말해 주어 감사했다.

●● 삯꾼 목자가 되지 않겠다

나는 목회하기 전까지 사람들과 다툰 적이 없다. 사업 하는 사람이니 두루두루 잘 지내기도 했고, 말이 많지 않아 딱히 관계가 틀어질 일이 없었다. 그러나 목회하고 나서부터 가까운 사람과 관계가 소원해지는 일이 생겼다.

나는 아무리 가까운 관계여도 그 사람이 하나님의 말씀에 어긋 났거나 교회적으로 바르지 않은 행동을 하면 반드시 직접 불러 이 야기한다. 관계를 위해서라면 그냥 지나치는 것이 좋겠지만, 하 나님의 일은 그럴 수 없기 때문이다. 나는 목회를 시작할 때 결코 삯꾼 목자가 되지 않겠다고 기도하며 다짐했다. 하나님 앞에서 정직하기로 결심하고, 말씀 앞에 바로 서지 못한 사람은 분명하 게 지적하고 권면했다. 내 이야기를 받아들여 진심으로 돌이키는 분도 있었지만 지적을 받자 교회를 떠난 분도 있다.

우리 교회는 평신도 사역자인 목자 중심의 교회다. 사회적으로 유명하고, 교회에서 직분을 받은 사람일지라도 목자 활동을 하 지 않으면 주일 대표기도를 맡기지 않는다. 초창기에 다른 곳에 서 성도들을 데리고 우리 교회에 온 장로님이 있었다. 새가족반

훈련은 받았지만 목장 활동을 하지 않았다. 교회 출석한 지 2년이 지나도 대표기도를 맡기지 않자 그 장로님이 나를 찾아와 이유를 물었다.

"장로님 우리 교회 규정은 목자만 대표기도를 합니다. 목자로 헌신하세요. 얼마든지 할 수 있잖아요."

그렇게 권했지만 "못하겠다"는 답이 돌아왔다. 얼마 후 다시 찾아와 대표기도 얘기를 하길래 "죄송합니다. 안 됩니다"라고 했더니 그다음 주부터 교회에 나오지 않았다.

직분자를 세울 때는 교회 안 신앙생활과 함께, 사회 평판과 가정생활을 살펴본다. 이는 성경이 말씀하는 직분자의 자격에 해당하기도 한다. 한번은 다른 교회에서 안수를 받은 집사님이 우리 교회로 와서 오랫동안 열심히 섬기기에 장로 추천을 염두에 두고 기도했다. 하나님께 그 사람을 생각하며 "특별한 결격 사유가 없는 한 이번에 장로로 추천하겠습니다"라고 기도 드렸다. 제직회 하루 전날 사역자 정기모임에서 청소년 사역자가 "문제 있는 청소년이 6개월째 교회에 나오지 않는데 부모에게 연락해도 협조가 안 된다"고 했다. 그 아이가 누구인지 알아보니 장로로 추천하려고 했던 그 집사님의 자녀였다. 그날 그런 소식을 들은 건 하나님이 그분의 장로 추천을 막으신 것이라고 생각되었다. 그분에게 장로 추천을 할 수 없다고 통보했고, 결국 그분은 교회를 떠났다. 목회자로도 인간적으로도 가슴 아픈 일이지만 추천하기 전날 그분의 자녀 소식을 듣게 된 건 하나님이 하신 일이라고 믿어 순종했다.

그럼에도 사람들이 떠나는 일은 목회하면서 가장 힘든 일 중 하나다. 그러나 영적인 일은 그냥 넘어가면 안 되니 분별할 수밖에 없다. 하나님 말씀보다 친분이 우선 되면 삯꾼 목자가 될 수 있다. 하나님 앞에, 그리고 성도들 앞에 바로 서려면 어쩔 수가 없다. 한 번 정한 법칙은 반드시 지켜야 한다. 사정과 형편에 따라 봐주기 시작하면 질서가 잡히지 않는다.

'목사는 양을 지키는 개'라는 말을 좋아한다. 양 떼를 이끄는 목자는 예수님이시다. 예수님이 양 떼를 푸른 초장으로, 쉴만한 물가로 인도하신다. 곁길로 빠지려 하거나 게을러서 드러누운 양들을 일어나도록 짖어 목자를 따르게 하는 것이 목사의 역할이다. 교회는 하나님이 살리신다. 성도도 마찬가지다. 목사가 아닌 하나님이 양 떼를 살린다는 사실을 늘 명심하고 있다.

만약 신앙생활 게을리하고 잘못된 길로 가는 성도가 떠날까 봐, 혹은 친분 때문에 그 잘못을 묵인하면 그는 월급 때문에 일하는 삯꾼 목사에 불과하다.

●● 믿음에는 정년이 없다

우리 교회 성도들은 정년이 없다는 생각으로 달린다. 사역자뿐 아니라 성도들도 마찬가지 생각을 갖고 있다. 우리 교회 창립 멤버인 H장로님은 한국에서 60세 정년을 맞아 노년을 보낼 전원주택까지 다 지어 놓고 유학 중인 자녀를 만나러 왔다가 우리 교회가 좋아 미국에 살게 되었다.

H장로님은 22년 동안 우리 교회가 헤쳐 나온 길의 산 증인이고 내 목회를 옆에서 다 지켜보신 분이다. 실행위원회 위원으로 교회의 중요한 결정에 늘 참여했다. 75세가 되자 "젊은 분들 올라오시는데 은퇴시켜 달라"고 요청했다. 그 요청은 받아들였지만 옵서버(observer)로 실행위원회에 계속 참석해 달라고 부탁했다. H장로님은 현재 목장 팀장을 맡아서 여전히 현역으로 달리는 중이다.

81세로 동갑인 H장로님과 J장로님은 초창기부터 지금까지 주차요원으로 봉사하여 성도들에게 모범을 보이고 있다. 교회 입구에서 진입하는 차량을 향해 90도로 고개 숙여 인사하는 두 장로님의 겸손한 모습에 등록을 결정했다는 새신자의 간증도 있었다. 연세 드신 분들이 현장에서 겸손하게 봉사하는 모습이야말로 성도들에게 귀감이 되고 있다.

H장로님은 한국에 가면 예전 교회를 방문하여 장로님들을 모아 놓고 일장 훈시를 한다.

"장로가 교회 와서 당회실에 모여앉아 대접받다가 돌아가면 안 됩니다. 나는 미국 가서 다시 신앙생활을 시작했습니다. 장로가 솔선수범해야 합니다."

은퇴 후 편하게 지내려다 우리 교회에 와서 힘차게 달리는 분들이 많다. 주재원 일을 마치고 한국으로 돌아갔다가 다시 돌아온 분들도 있다. 미국은 교제 범위도 좁고 저녁에 술 먹는 문화가 없어 신앙생활하기 좋다고들 한다. 이런 말을 들려준 분도 있었다.

"목사님, 한국에서는 신앙생활하기가 정말 힘듭니다. 회식 자리에서 상사가 권하는 술을 사양하면 승진하기 힘듭니다. 교회는 주일에나 가고, 보통 때는 사람들과 섞여서 살고 있습니다. 성광교회에 와서 세상과 구별되어 사는 것이 얼마나 중요한지 깨달았습니다."

우리 교회에 오면 얼마 지나지 않아 삶의 태도가 바뀌기 시작한다. 적당히 세상에 한 발짝 걸쳐 놓고 살다가 점차 주님께로 옮겨와 모든 걸 걸고 신앙생활 한다. 한국으로 갔다가 은퇴 이후 다시 우리 교회로 돌아온 분은 우리 교회 구호가 귀에 쟁쟁했다고 한다.

"은퇴하고 예수쟁이 하자. 90세까지 아프지도 죽지도 말자!"

믿음에는 정년이 없다는 우리 교인들이 자주 하는 얘기도 소개한다.

"세상에서 은퇴한 뒤 시간 구애받지 않고 하나님 일하니 좋고, 교회 일을 열심히 하다 보니 늙을 시간 없어서 좋다."

사실 세상에는 은퇴하면 갈 곳도 없고 할 일도 없지만 교회는 나이 들수록 할 일이 많아 더 바빠진다. 새벽기도로 하루를 시작해 성도들과 아침 식사하며 믿음의 간증 시간을 갖고, 성도들에게 전화 심방하고, 함께 운동하고, 그러다 보면 하루가 금방 간다. 예배와 교회 행사 참석, 목장 활동 등 은퇴하니 더 바쁘다는 분들이 많다.

●● 중국 성도도 변화시킨 은혜

선교를 최우선으로 삼는 우리 교회에 하나님이 중국 성도들을 보내 주셨다. 시작은 중국 여성도의 새벽기도 참석에서 비롯되었다.

아내는 새벽기도회에 새로 나오는 분들을 유심히 살펴보곤 하는데, 그러다가 한 사람이 눈에 띄었다. 자녀교육 때문에 미국에 왔다가 중국교회 전도사로 일했던 김옥금 전도사였다. 중국에서 태어나 자란 김 전도사는 중국 본토에 가서 선교하는 꿈을 가지고 있었다.

김 전도사는 현재 우리 교회에서 나의 설교를 통역하며 중국인 사역을 담당하고 있다. 우리 교회에 80여 명의 중국 성도가 출석하는데, 김 전도사는 그들과 중국어와 영어로 소통하면서 설교를 통역하기도 하고 상담도 해준다. 워싱턴 지역에 중국 사람이 많이 살지만 아직 규모가 큰 중국인 교회가 없다. 있다 하더라도 영세한 곳이 대부분이다. 그러나 우리 교회는 김 전도사의 맹활약으로 중국인 성도 수가 부흥하고 있다. 그런 점은 우리 교회의 자랑거리다.

중국인 성도들은 추수감사절이나 명절이 되면 우리 부부에게 선물을 보내온다. 정성껏 쓴 메시지를 읽을 때면 감격스럽기 그지없다. 흔히 "중국 사람은 순교는 해도 헌금은 안 한다"는 말이 있을 정도로 물질에 대해 지독한 경향이 있다. 그래서 그들의 이러한 섬김은 더 큰 감동을 준다. 은혜받으면 달라진다. 많은 중국인 성도가 우리 교회에서 신앙생활하면서 십일조를 하고 건축헌금도 수만 달러씩 작정했다. 나는 "중국 성도들에게 받는 사랑이 내가 그들에게 주는 것보다 더 크다"는 말을 자주한다.

백악관과 국회의사당이 위치한 워싱턴에 대학들이 밀집해 있다. 이 대학들에 중국 학생들이 많이 다닌다. 중국 학생이 2,000명 넘게 거주하는 아파트가 있을 정도다. 중국 학생들은 가능하면 미국에 남길 바라지만 여의치 않으면 본국으로 돌아가야 한다. 최고 교육을 받고 중국에 돌아가면 좋은 직장에 들어가기 수월하다고 한다. 예수님을 영접한 중국 학생들은 귀국하는 순간 선교사가 되는 셈이다. 복음으로 무장된 중국 유학생들이 본국으로 돌아가 큰 역할을 할 것으로 기대한다.

우리 교회 중국 성도 가운데는 여성도가 훨씬 많고, 그중에 대학생과 대학원생들도 많다. 모두가 순수하고 열정적이다. 중국 선교가 꿈인 김 전도사에게 늘 이렇게 당부한다.

"중국 성도들을 훈련 시켜 고국으로 돌아갈 때 선교사로서 가게 하세요. 그러면 당신 한 사람이 중국에 들어가 선교사로 활동하는 것보다 훨씬 큰 사역이 될 수 있어요."

●● 성광교회에서 신앙을 배운 사람들

우리 교회에 와서 신앙생활을 다시 시작하는 기분이라고 말하는 분들이 많다. 편히 쉬면서 여행이나 다니려고 생각했다가 우리 교회에 와서 정신 번쩍 차리게 됐다는 분들도 있다.

자녀 만나고, 미국 여행하기 위해 왔다가 우리 교회에서 예배만 실컷 드리고 영적으로 회복되어 한국으로 돌아간 분들도 많다. 사역자라는 각오로 열심히 달리는 평신도들이 나날이 늘어나는 뜨거운 교회여서 그런 듯하다.

우리 교회가 미국 연방정부와 가까운 곳에 있다 보니 한국에서 파견 나온 분들을 종종 볼 수 있다. 대개 이름만 대면 알만한 고위 공직자나 특파원들이 우리 교회에 출석하여 신앙생활을 열심히 하다 귀국한다. 그러다 보니 나는 모든 사역자에게 어떤 사람이 오더라도 특별한 관심을 갖거나 과잉 친절을 베풀지 말라고 당부한다. 하나님이 그들을 우리 교회에 보내신 것은 그들을 향한 선한 뜻이 있기 때문일 것이다.

J집사님은 한국 재정경제부 국장으로 재직하다가 미국 IMF 근무차 미국에 왔다. 워싱턴에 도착해 새벽기도하는 교회를 찾다가 우리 교회에 정착해 3년간 섬겼다. 처음 심방을 갔는데, 집안에 가구는 안 보이고 10인용 식탁만 덩그러니 놓여 있었다. "식구가 세 명뿐인데 식탁이 왜 이렇게 큽니까?" 하고 묻자 J집사님이 "목사님, 목장을 해야지요. 목원들이 오면 둘러앉기 위해 식탁부터 큰 것으로 구입했습니다"라고 해 감동을 주었다.

'대단한 분이시구나. 좋은 일꾼을 보내 주셨는데 이 가정을 위해 기도해야겠다'는 생각이 들어 기도 제목을 물으니 이런 말씀을 하셨다.

"목사님, 한국에서 집을 구입했는데 갑자기 발령이 나는 바람에 전세도 못 주고 그냥 왔습니다. 융자를 많이 내서 큰집을 샀는데 요즘 집값이 떨어져서 팔지도 못하고 전세 주기도 쉽지 않습니다. 속히 전세가 나가도록 기도해 주세요."

심방을 마치고 현관을 나오는데 갑자기 성령께서 아내를 통해 이 가정을 위해 3일간 금식하며 기도하라는 음성을 주셨다. 아내는 그분들에게 말하지 않고 곧바로 금식기도에 들어갔다. 당시 10월이었는데 금식하는 가운데 올해 말까지 해결된다는 음성을 들었다. 아내는 그 얘기는 하지 않았는데, 12월 말에 J집사님에게 반가운 이야기를 들었다. 한국 집이 전세가 나갔다며, 우리에게 "기도해 주셔서 감사합니다"라고 했다. 그제야 아내가 금식기도를 했고 미리 응답받은 이야기를 들려주었다.

J집사님은 어떤 경우에도 하나님만 바라보는 생활을 하는 가운데 기도 응답을 많이 받았다. 그동안은 다른 나라에 출장 갔다가 한국을 들르면 반드시 장관과 차관을 먼저 만나 인사드렸다고 한다. 그런데 믿음을 확실히 정립한 후부터 한국에 가도 '얼굴 도장 찍기' 만남 대신 기도원에 가서 기도하고 도서관에서 연구하다 돌아왔다. 그러자 동료들이 "정신이 있나 없나? 장관님이 당신 한국에 들어왔다는 걸 뻔히 아는데 왜 인사하러 가지 않았나? 무슨 빽이 있는지는 모르지만 그러다가 불이익을 당할 수 있으니 잘 처신하라"고 조언했다. 그래도 J집사님은 '나를 살리는 분은 하나님이다. 사람에게 의지하지 않겠다'는 소신을 굽히지 않았다.

J집사님은 우리 교회에서 신앙생활을 열심히 하다가 3년 만에

한국으로 돌아갔다. 보직이 결정되지 않은 상태였다. 6개월 후 내가 한국에 집회차 갔을 때 J집사님이 호텔로 찾아왔다. 여전히 보직이 결정되지 않아 대기발령 상태라고 했다. 초조한 기색도 없이 "시간이 많으니 목사님을 모시겠습니다"라고 했다. 주위 동료들은 저 사람 끝났다고 수군거렸지만 정작 J집사님은 "하나님이 내 사정을 아시니 평안합니다"라고 했다.

얼마 후 한국 방위사업청(방사청) 비리가 터지면서 그에 연루된 사람 여럿이 옷을 벗었다. 그때 J집사님이 방사청 부청장으로 발령났다. 방사청장은 정치적으로 임명하지만 부청장은 실력 있고 깨끗한 사람이어야 한단다. 왜냐하면 대한민국에서 돈을 제일 많이 지출하는 곳이라서 그렇다. 그래서 재경부 전문인이면서 깨끗하고 믿을 수 있는 사람이 그 자리에 적격인데, J집사님이 낙점된 것이다. 놀라운 일이 아닐 수 없었다.

끝났다고 수군대고 걱정하던 사람들이 "당신 무슨 빽으로 그 자리에 앉은 거야?"라고 할 때 J집사님은 "하나님 빽!"이라고 답했다. 그 후 J집사님은 부산진해경제자유구역청장으로 영전되었다가 공직에서 은퇴한 후 대학 교수로 후학들을 가르치고 있다. 장로 장립을 받고 어려운 교회를 충심으로 섬기는 J장로님은 내가 한국에 가면 가장 먼저 달려와서 식사 대접을 해주신다. 참으로 자랑스럽고 감사한 분이다.

L집사님은 육군 준장으로 미국에 6개월간 연수를 왔다. 우리 성도님 집에서 하숙하면서 교회에 출석했다. L집사님은 우리 교회

에 오기 전에는 교회에 전혀 가 본 적 없는 분이었다. 새가족반에서 예수님을 영접한 후 너무너무 기뻐하며 침례를 받게 해 달라고 요청했다. 6개월간의 짧은 기간 동안 믿음이 죽순처럼 쑥쑥 자랐다. 큰 믿음을 안고 한국으로 돌아갔다.

얼마 후 우리 부부가 선교지를 방문하러 가던 길에 한국에 들러 우리 교회를 거쳐 간 성도들과 만났다. L집사님도 대령인 군종감과 같이 참석했다. 그 자리에서 군종감이 "장군 한 분이 예수를 믿게 되자 군대에 복음이 증거되는 데 큰힘이 되고 있습니다"라며 감사했다. 사령관인 L집사님이 예배당 앞에서 주보를 나누어 주었다니 그럴 만도 했다. L집사님은 겸손한 인품에 참으로 충직한 분이었다.

우리 교회에 오시는 분들 가운데 군인이 많은데 나는 개인적으로 그들을 좋아한다. 군인은 그 길이 옳다고 생각하면 목숨을 내놓는 사람들이기 때문이다. 복음을 확실히 깨달으면 절대 뒤로 물러서지 않는 점도 감동스럽다. L집사님은 교수인 아내를 비롯, 가족 모두를 전도하며 열심히 신앙생활하고 있다. 시간이 지나 소장 진급 심사를 앞둔 집사님이 나에게 기도를 부탁했다. 세 번째 도전이고, 마지막 기회라고 했다. 참모총장은 진급을 추천했으나 청와대에서 승인하지 않아 결국 진급이 무산되었다. 마음이 아파 "하나님이 인도하시는 선한 길이 있을 것"이라고 위로했다. L집사님의 답장에 가슴이 뭉클했다.

"목사님, 예수님이 고난당하신 것을 생각하면 저의 어려움은 아무엇도 아닙니다. 더욱이 제가 구원받은 것은 말할 수 없는 은혜입니다. 범사에 감사하라는 말씀대로 하나님께 감사드립니다. 앞으로 군대에서 나가더라도 반드시 선한 뜻이 기다리고 있을 것으로 믿습니다."

상황의 어떠함으로 잠시나마 우리 교회에서 신앙생활하신 분들이 이곳에서 머무는 동안 신앙이 재정립되고 영적으로 회복되었다고 말해 준다. 정말 감사하다. 우리 교회에서 3년 정도 신앙생활 한 후 한국으로 가는 분을 '선교사'로 안수하여 보내는 경우도 있다. 한국에 돌아가서 우리 교회 다녔던 분들끼리 모임을 갖기도 한다. 내가 선교 가는 길에 한국에 들르면 다 같이 모여 반가운 시간을 보낸다. 그때 그분들이 이구동성으로 하는 말에 감동을 많이 받았다.

"저희는 우리 부서의 선교사입니다. 성광교회에서 파송받아 그 직분에 잘 임하기 위해 최선을 다합니다. 저희는 성광교회에서 기도가 무엇인지, 신앙인은 어떻게 살아야 하는지를 배웠습니다. 믿음대로 살아가려고 제가 있는 장소에서 최선을 다하고 있습니다. 예전에는 믿음을 드러내지 않았지만 이제는 그렇지 않습니다."

이런 말을 들을 때면 '이래서 목회하는구나' 싶어지면서 가슴이 벅차오른다.

chapter 8

목회는
비즈니스가 아닙니다

●● 목회 안 하면 더 행복할 자신 있니

성광교회 초창기에 두레교회 김진홍 목사님을 강사로 모셨을 때 "목사님, 제가 목회 경험이 없으니 권면의 말씀을 해주시면 좋겠습니다"라고 여쭈었다. 목사님은 "잘하고 있는데 뭘 이야기해요"라고 답하셨다. 그래도 꼭 도움이 될 말을 해달라고 부탁하자 이런 말씀을 들려주셨다.

"내가 지금까지 일곱 개의 교회를 개척했는데 3년이 중요합니다. 3년을 잘 견디면 그때부터는 좋아집니다."

교회 개척하고 2년 반이 지났을 때여서 '이제 곧 3년인데 특별한 일이 없으니 다행이다'라며 안심했다. 그런데 3년이 다 되어갈 무렵 문제가 발생했다. 아내가 목회를 못 하겠다고 한 것이다.

"사람들이 하지 않은 말을 했다며 거짓말하는 걸 못 참겠어요. 상식 밖의 사람이 너무 많아 스트레스로 영육간에 너무 피곤해요"

목회 초기, 상식에 맞지 않게 행동하는 성도를 보며 엄청난 스트레스를 받았다. 어느 날 상식에 안 맞는 내가 예수 믿고 여기까지 왔다는 걸 깨닫고 나서야 성도들의 행동이 이해되기 시작했다. 그러나 그런 깨달음을 얻기 전까지 많이 힘들었다.

평신도 때부터 헌신을 많이 하고 새벽 제단을 열심히 쌓았던 우리 부부는 웬만한 어려움은 거뜬히 이겨 낼 것이라고 자신했다. 하지만 목회자의 삶은 그때와 비교가 되지 않았다. 사업하는 것보다 목회가 열 배 이상 힘들었다. 사업할 때는 돈 벌기 싫으면 문 닫고 쉬어도 되지만 목회는 하루도 빠짐없이 충실해야 했다. 사업할 때는 싫은 사람이 오면 다른 곳으로 가라고 할 수 있지만 성도들에게는 그럴 수 없었다. 주님이 맡겨 주신 양들을 어디로 보내겠는가.

새벽기도회와 주일예배, 수요예배까지 일주일에 아홉 번 설교하는 일도 큰 짐이었다. 그래서 새벽마다 매일 "하나님 저 목회 그만하게 해주세요"라고 기도했다. 때마침 미국 내에 있는 한 선교단체에서 나를 국내 대표로 초빙했다. 선교단체에 들어가면 새벽기도도 심방도 안 해도 되니 당장 가고 싶었다. 사람들에게 시달리지 않아도 된다고 생각하니 날아갈 듯했다.

그날도 새벽기도회를 끝내고 예배당에 혼자 남아 이렇게 간구했다.

"하나님 저 목회 그만하게 해주세요."

그 순간 갑자기 음성이 들렸다.

"그래, 목회 안 하면 더 행복할 자신 있니?"

주님의 음성에 깜짝 놀라 가만히 생각하는데 성도들의 얼굴이 한 사람씩 눈앞으로 지나갔다. 감사하고 기뻐하는 모습과 함께 내가 설교하는 모습이 스쳐 갈 때 나는 다른 어떤 일을 해도 절대 행복해질 수 없겠다는 생각이 들었다. 그날 집에 가서 아내에게 내 마음을 털어놓았다.

"여보, 오늘 성령께서 '너 목회 안 하면 더 행복할 자신 있니?' 라고 하시는데 곰곰이 생각해 보니 다른 것으로 더 행복할 자신이 없어요."

그러자 아내가 "그것이 하나님의 응답이네요. 이제 우리 응답 받았으니 힘차게 달립시다"라고 했다. 그날 이후 20년 동안 한 번도 뒤돌아보지 않고 목회의 길을 달려왔다. 내가 "이게 기도 응답이에요"라고 하면 바로 순종하며 따라 준 아내에게 늘 고맙다.

이 일 이후 나는 목회자 세미나에 초청되면 꼭 이 말을 한다.

"여러분 힘드시죠? 그런데 목회 안 하면 더 행복할 자신 있습니까?"

●● "하시면 좋습니다"가 아니라 "하세요!"

내가 강단에서 외치는 메시지는 심플하다. 군더더기 없이 복음의 본질을 전해 핵심을 찌르고자 한다. 선교하는 교회로 알려져서인지 내가 설교할 때 선교를 많이 강조하는 걸로 오해하는데, 그렇지 않다. 선교를 직접적으로 강조하는 설교는 거의 하지 않는 편이다. 그러다 보니 "한 달에 한 번은 선교에 대한 설교를 하는 게 어떠시냐"고 건의하는 성도들도 있다. 복음에 초점을 맞추면 그 안에 선교, 전도, 구제, 사랑이 다 들어가니 딱히 선교를 강조할 필요가 없다. 복음이 무엇인가? 하나님의 사랑이다. 하나님의 사랑은 구체적으로 어떻게 나타나야 할까? 영혼 구원, 즉 선교이다. 그러니 일부러 선교를 강조할 필요가 없는 것이다.

나는 성도들의 마음이 상할까 봐 에둘러서 말하는 건 하지 않는다. 잘못된 것은 지적하고, 어긋나는 건 절대 용납하지 않는다. 목회자라면 성도들에게 정확한 지침을 주어 발전하게 도와야 한다. 그래서 "하시면 좋습니다"가 아닌 "하세요"라고 단호하게 말한다. 내가 직접 해보고 체험한 일들이기에 강하게 전하는 것이다.

내가 특별히 성도들에게 강조하는 것은 '예배 중심, 기도 중심, 말씀 중심, 성전 중심'이다. 말씀 중심을 실천하기 위해 1년에 성경을 한 번 통독하도록 독려하고 있다. '5분 성경 읽기'도 강조한다. 성도끼리 짝을 이뤄 매일 5분씩 성경을 읽고 메신저를 통해 공유하는 것이다. 짝을 맞춰 읽으니 혼자 읽을 때보다 재미있고, 확인해 주는 상대가 있으니 부지런히 하게 된다. 대전중문교회 장경동 목사님의 가르침이 도움이 되었다.

성전 중심은 이스라엘 백성이 출애굽하여 광야에서 생활할 때 성막을 중심으로 살았던 것처럼 우리도 성전 중심으로 살자는 운동이다. 광야에 머물 때 이스라엘 백성들은 성막을 중간에 두고 12지파가 포진했다. 성막이 움직이면 같이 움직이고 성막이 정지하면 같이 섰다. 40년간의 광야 생활은 이스라엘 백성이 하나님의 백성이 되는 훈련이었다.

우리도 이 세상에서 성전을 중심으로 살아야 한다. 연초에 교회에서 1년 프로그램이 나오면 교회의 중요한 행사에 자신의 스케줄을 맞춰야 한다. 교회 행사 때 직분자들이 휴가를 가는 건 말이 안 되는 일이다. 교회를 중심으로 생활 계획을 짜고, 교회와 비전을 공유하며, 늘 하나님과 함께하는 삶이 우리의 목표가 되어야 한다. 우리 성도들은 대부분 '교회의 비전이 내 비전'이라는 각오로 달리고 있다.

A집사 부부를 보면 우리 교회에서 말하는 '예배 중심, 기도 중심, 말씀 중심, 성전 중심'의 전형이라는 생각이 든다. A집사는 메릴랜드 주에 있는 교회에 다니다가 그곳에 분란이 생기자 뜻 맞는 사람들과 개척을 계획했다. 개척교회를 시작하기 전에 잠깐 다니려고 우리 교회를 방문했다. 선교하는 교회로 소문났으니 좀 배워서 교회 운영에 참고도 할 겸 온 것이다.

그런데 첫날 '잡혔다'고 고백했다. 남의 눈에 띄지 않으려고 1부 예배에, 그것도 본당이 아닌 채플에서 살짝 예배드리려 했는데 성도들이 예배 시작 전에 장의자를 잡고 기도하는 모습을 본 것이다. 신선한 충격을 받은 A집사는 곧이어 찬양이 시작되자 마음이 열리기 시작했다. 찬양에서 힘이 느껴지면서 이 교회에 잘 왔다는 생각이 들었다고 한다. 이후 매 예배 때마다 감동을 받고 마음이 회복된 A집사 부부는 "잘한 것도 없고 별 볼일도 없는 우리 부부를 이 교회에 보내 주셔서 감사드립니다"라고 기도드렸다.

A집사 부부는 우리 교회 설립 과정에 대해 들었을 때 자신들이 개척하려는 생각이 얼마나 잘못됐는지 알았다고 한다. 감정적인 개척은 안 된다는 걸 깨달은 것이다. 사실 A집사는 전에 다니던 교회를 '우리 나가서 교회 차린다. 잘 먹고 잘살아라' 하는 생각으로 나왔다고 했다.

"참 허무맹랑했죠. '성광'이라는 이름까지 지어 주시면서 하나님이 인도하신 걸 보면, 우리는 인간적인 생각으로 개척하려 했으니 잘못되어도 한참 잘못된 거죠."

한 달 만에 우리 교회에 등록한 부부는 이후 열심히 신앙생활하고 있다. A집사 부부는 자동차로 50분 걸리는 메릴랜드 주에서 하루도 빠지지 않고 새벽에 나왔다. 그러다가 "교회 가까이로 이사 오게 해주세요"라고 기도드렸고, 1년 6개월 만에 응답받아 교회 옆으로 이사하여 편하게 새벽기도회에 나오고 있다.

우리 교회는 멀리 살았던 분들이 새벽기도회에 다니려고 교회 가까이 이사 온 분들이 많다. 워싱턴D.C.까지 10분밖에 안 걸리는 지역이어서 집값이 상당히 비싼 동네지만 많은 성도가 교회 주변으로 이사왔다. '기도하면 하나님 책임'이기 때문에 하나님이 오게 해 주신 것이다.

A집사는 메릴랜드에서 1,500명 정도 되는 교회에서 중직을 맡았던 분이지만 우리 교회에 와서 새가족반부터 모든 과정을 이수하면서 현재 제일 마지막 코스인 제자훈련을 받고 있다. 목자, 남성 중창단, 주차요원으로 활동하며 선교 후원도 열심히 하고 있다.

"예전 교회에서 늘 바빴는데 뭘 위해 바빴는지 모르겠어요. 몸만 바쁘고 실속이 없었어요. 나를 위한 열심, 내가 나타나는 활동만 부지런히 했던 것 같아요. 그러니 남은 게 없죠. 성광교회는 성도들을 설렁설렁 다니게 하지 않아요. 담임목사님 목회 방침이 명확하고 조직이 탄탄해요. 예전 교회는 목원이 나오지 않으면 그냥 목자가 살펴보는 데서 끝났는데 성광교회는 1,000명의 성도가 다 관리되는 곳이에요."

A집사의 그런 평가가 반갑고 고마웠다. 평신도 사역자들이 정말 열심히 달려 교회가 원활하게 운영되고 있다는 뜻이기 때문이다.

성도들은 우리 교회를 '말씀이 살아 있는 건강한 교회, 확고한 사명 아래 영혼을 사랑하는 교회, 고여 있는 축복이 아닌 흘려보내는 축복에 집중하는 교회, 해외선교와 자녀선교를 말로만 하는 게 아니라 실천하는 교회, 선교 현장에 동참하게 만드는 교회, 동기부여하는 교회, 참여의식을 높이고 자긍심을 갖게 하는 교회'라고 평가한다. 그중에서도 처음부터 지금까지 변치 않는 건 '하나님 사랑하는 사람이 모인 교회'라는 점이다. 성도들이 성광교회를 그렇게 생각한다는 건 대단히 건강하고 고마운 일이다.

●● 성광교회 5대 사역 비전

목회 철학은 목회자와 교회마다 다를 수 있지만 교회론은 어디든 동일해야 한다. 교회의 주인은 예수님이시기 때문이다. 우리 교회 대표 기도자들은 "사도행전적 기사와 이적이 일어나는 성령의 공동체, 선교하는 공동체가 되게 해주세요"라고 기도한다.

하나님은 오늘이나 내일이나 영원토록 동일하신 분이니 사도행전에 일어난 기사와 이적이 오늘날에도 일어날 수 있다. 성도들은 사도행전적 기사와 이적이 일어난다는 믿음을 갖고 신앙생활하는 가운데 실제로 교회와 성도의 삶에서 놀라운 하나님의 능력을 체험하고 있다.

우리 교회의 5대 사역 비전을 보면 성도들의 마음가짐을 알 수 있다.

첫째, '평신도가 사역자가 되는 교회'이다. 성경에 평신도라는 단어는 없지만, 평신도를 제자화하는 일은 교회의 가장 큰 사명이다. 우리 교회는 한국어권(KM)과 영어권(EM)으로 나누어 사역하는데, KM 사역은 훈련받은 평신도들이 담당한다. 자녀들을 위해 좋은 사역자를 초빙하는 등 많은 투자를 하고 있다.

둘째, '선교하는 교회'이다. 교회 사역을 크게 세 가지로 나눈다면 '선교, 교육, 봉사'를 들 수 있다. 이 가운데 가장 중요한 사명은 선교다. 많은 신학자가 '교회는 선교를 위해 존재한다'고 강조했다. 예배와 친교, 의식도 중요하지만 '선교 중심의 교회'야말로 그 무엇보다도 중요하다. 예수님도 제자들을 부르실 때 "내가 너희를 사람을 낚는 어부가 되게 하리라"(마 4:19)라고 하셨다. 이 세상에서의 모든 활동을 마치고 승천하실 때는 "너희는 가서 모든 민족을 제자로 삼아 아버지와 아들과 성령의 이름으로 세례를 베풀고 내가 너희에게 분부한 모든 것을 가르쳐 지키게 하라"(마 28:19-20)고 하셨다. 이것이 주님의 지상명령이다.

'복음을 전하라'는 말씀은 복음서에 34회, 바울서신에 19회나 나온다. 주님은 복음을 전하기 위해 이 세상에 오셨고, 영혼을 구하기 위해 십자가에 달리셨다. 복음을 전하는 일에 우리는 절대 복종해야 한다. 바울은 "내가 복음을 전할지라도 자랑할 것이 없음은 내가 부득불 할 일임이라 만일 복음을 전하지 아니하면 내게 화가 있을 것이로다"(고전 9:16)라고 했다. 복음을 전하는 것은 교회의 본질이다.

18세기에 실제로 있었던 '등대지기 이야기'를 항상 기억하고 있다. 거친 파도가 몰아치는 날, 등대지기 홀로 등대를 지키고 있었다. 남루한 옷차림의 할머니가 찾아와 "지금 굶어서 죽을 지경이라우. 등대 기름을 조금만 주면 팔아서 끼니를 대신할 텐데……"라고 말했다. 등대지기는 마음이 아파 기름을 조금 덜어 할머니께 드렸다. 며칠 후 초등학교 동창이 급하게 찾아와서 차에 기름이 없다며 조금만 빌려달라고 했다. 친구의 간청을 물리치지 못한 등대지기가 이번에도 기름을 조금 덜어 주었다. 며칠 후 아내가 와서 아들의 등록금을 내지 못했다고 말했다. 그러자 등대지기가 기름을 팔아 아내에게 등록금을 전했다.

그날 밤, 폭풍이 일면서 파도가 거세게 몰아닥쳤다. 매우 위험한 밤이 지나고 아침이 되자 무서운 소식이 들려왔다. 전날 밤 큰

배 한 척이 침몰하여 수많은 사람이 죽었다는 것이다. 그 배가 바다에서 거친 파도에 흔들리며 항구를 찾았으나 등대 불빛이 보이지 않았다. 동정과 의리, 가족 사랑 때문에 등대지기가 기름을 다 써 버려 등대가 꺼져 있었기 때문이다. 등대지기의 사명은 어떤 경우에도 등대를 밝히는 것이다. 등대지기가 사명을 다하지 못하면 참변이 일어나고 만다.

교회는 등대지기의 사명이 있다. 교회가 하나님이 주신 사명을 감당하지 않고 교회의 자원을 엉뚱한 곳에 사용하면 어떻게 되겠는가. 어리석은 등대지기처럼 수많은 영혼을 죽게 만들 것이다. 교회의 모든 기관은 선교를 위해 조직하고, 땅끝까지 복음 증거하는 일에 초점을 맞춰야 한다. 선교는 하나님의 꿈이요, 사역이요, 관심이요, 목적이다. 예수님의 몸인 교회는 선교를 통해 하나님께 인정받는 교회가 될 수 있다. 선교하지 않는다면 친교단체나 구제단체에 불과하다. 성령이 임해 선교할 때 진정한 교회가 되는 것이다.

제아무리 많이 모여도 선교하지 않는 교회에서는 역사가 일어나지 않는다. 교회의 주인이신 하나님의 뜻을 이행하지 않았기 때문이다. 선교하는 교회는 숫자가 적어도, 역사가 짧아도, 엄청난 역사가 나타나면서 큰 영향력을 미치게 된다.

셋째, '차세대를 위한 교회'이다. 차세대에 대한 중요성은 아무리 강조해도 지나치지 않다. 다음 세대에게 성공적으로 믿음을 전수한 민족은 유대인밖에 없다. 유럽도 미국도 실패했는데 한국도 점점 그렇게 되고 있다. 우리 교회는 차세대를 선교 대상으로 삼고 교회 슬로건을 '밖으로는 해외선교 안으로는 자녀선교'로 정했다.

넷째, '제자훈련하는 교회'이다. 우리 교회는 여러 단계의 성경 공부 커리큘럼을 운영하고 있다. 특히 첫 과정인 새가족반 6주 교육은 우리 교회에서 직접 만든 교재로 내가 직접 인도한다. 교재 내용에 새로울 건 없을지 모르지만, 내가 평신도 때 갈급했던 심정을 반영해 만들었다.

새가족반 교육은 새신자 뿐 아니라 새로 부임하는 교역자도 필수적으로 이수해야 한다. 우리 교회의 비전을 나누는 시간이기 때문이다. 또한 하나님이 나에게 역사하신 일을 생생하게 간증하는 시간이다. 우리 교회를 세우기 위해 나를 부르신 일, 교회 이름을 주신 일 등, 생생한 간증과 함께 신앙의 기본인 구원의 확신과 구원받은 자에게 주시는 특권, 기도 응답 등에 대해 강의한다.

교회에 오래 다녀도 구원의 확신이 없는 분들이 있다. 내가 그랬다. 그래서 성도들이 아무리 교회 다녀도 안 믿어진다고 하면 100퍼센트 이해가 간다. 성경에도 믿음은 아무나 갖는 것이 아니라고 하지 않았는가. 그런 분들이 우리 교회 새가족반 강의를 듣고 구원의 확신을 갖게 되었는가 하면, 신앙이 재정립되었다고 간증한다. 잠시 미국에 계시다가 한국으로 돌아가는 분들 중에는 교재를 챙겨가는 분들도 있다. 이처럼 우리 교회 새가족반 교육 코스는 특별히 구원의 확신을 재점검하는 시간이다.

다섯째, '영적·육적 필요가 충족되는 교회'이다. 우리 교회가 '평신도 사역과 선교 많이 하는 교회'로 널리 알려지면서 사역 비전에 관심을 기울이는 분들이 많다. 비전을 하나하나 살펴보다가 이 다섯 번째 문구에서 고개를 갸우뚱거리는 분들이 있다. 영적은 이해가 가는데 육적이 무슨 뜻인지 모르겠다. 다른 교회에서는 본 적이 없다고들 한다.

육적 필요를 강조하는 건 지극히 당연한 일이다. 예수님도 "먼저 그의 나라와 그의 의를 구하라 그리하면 이 모든 것을 너희에게 더하시리라"(마 6:33)고 하셨고, 사도 요한은 "사랑하는 자여 네 영혼이 잘됨 같이 네가 범사에 잘되고 강건하기를 내가 간구하노라"(요삼 1:2)라고 했다. 복음이 들어가는 곳은 문화적인 혁명도 반드시 일어나게 되어 있다. 다시 말하면 영혼이 잘되면 자연히 범사에도 복이 온다고 나는 믿는다.

성경은 심은 대로 거둔다고 했는데, 이는 만고불변의 진리이다. 나는 십일조 생활을 강조하되, 이는 대단한 일이 아니라고 말한다. 십일조는 자신이 정직한 성도임을 고백하는 일이다. 십일조는 하나님 것이니 하나님의 물질을 도둑질하지 않는 십일조는 물질에 있어 정직하다고 고백하는 것이다. 중요한 건 '나머지 90퍼센트를 어떻게 사용하느냐' 하는 점이다. 십일조만 하면 교회 헌신이 끝났다고 생각하여 선교헌금이나 건축헌금, 구제헌금을 비롯한 여러 헌금을 하지 않는 것은 잘못된 일이다. 물질을 주신 분이 하나님이시니 모든 물질을 하나님의 뜻 가운데 사용해야 한다. 세금 내듯이 십일조 했으니 "나 축복 주세요"하고 나머지 90퍼센트를 마음대로 사용하는 것이야말로 십일조를 우상 삼는 일이다.

우리 교회 성도들의 80퍼센트 이상이 십일조 생활을 하고 있다. 그리고 90퍼센트의 물질을 하나님 뜻 가운데 사용하려고 애쓴다. 하나님 앞에서 바른 헌금 생활을 하는 성도들이 자랑스럽다.

●● 구호를 외치는 교회

우리 교회 성도들은 내가 강단에서 늘 외치는 구호를 일상용어처럼 말하며 열심히 달린다. 새벽마다 큰 소리로 "좋습니다! 감사합니다! 사랑합니다! 행복합니다! 이 모든 것을 다 이룬 줄 믿습니다!"라고 외친다. 이 구호를 외치기 시작한 계기가 있다.

15년 전, 한국치유상담연구소 정태기 목사님께 특별새벽기도회 인도를 부탁했다. 당시 정 목사님이 미국 플로리다에 있는 한 연구소에서 직접 실험한 얘기를 들려주었다. 평상시에는 196 정도의 생체에너지가 나오는데 부정적인 말을 한 뒤 테스트를 하자 169까지 내려갔다고 한다. 생체에너지가 내려가면 면역력이 약해진다고 한다. 반대로 "좋습니다! 감사합니다! 사랑합니다!"라는 긍정적인 구호를 힘차게 외친 뒤 테스트를 하니 269로 올라갔다는 것이다.

그때부터 새벽을 깨우는 성도들과 함께 정 목사님이 가르쳐 준 구호를 외치기 시작했다. '행복합니다! 다 이룬 줄 믿습니다!'는 내가 추가한 것이다. 다섯 가지의 구호를 외치면 생체에너지가 적어도 300은 되지 않을까 생각했다. 생체에너지를 가득 채워 하루를 시작하면 면역력이 좋아져 하루를 승리하리라는 소망이 있었다.

우리 교회는 그 외에도 외치는 구호들이 많다. "기도하면 있고, 기도 안 하면 없다." "기도하면 하나님 책임, 기도 안 하면 내 책임." "새벽기도로 믿음의 가문, 행복 명가 일으켜라." "성전에서 요긴하게 쓰임받고 믿음의 가문 일으켜라." "옳은 말이 아니라 믿음의 말을 해라." "하나님이 좋아하는 일 하고, 싫어하는 일 하지 말아라." "긍정적이고 적극적이고 건설적이고 창조적이고 희망적인 믿음의 말을 해라." "우리가 하나님의 일 하면 하나님이 우리 일 하신다." "나는 틀렸고 하나님은 맞다." 몇몇 구호들은 벽에 붙여 놓기도 했다. 우리 성도들이 대화할 때 가만히 들어 보면 수시로 구호가 튀어나온다.

우리 교회를 처음 방문하는 분들은 "에너지가 넘친다"고 하는데 늘 그렇다는 게 신기하다. 성도들이 평신도 사역자라는 각오로 힘차게 달리기 때문에 쉴 새 없이 열기가 뿜어나오는 듯하다. '하나님께 쓰임받는 교회'라는 확신 속에서 워싱턴성광교회 교인들의 에너지는 오늘도 넘치고 있다.

●● 릴레이 금식기도 전통

교회를 설립하던 해에 성도들이 금식기도를 많이 했고 그때 많은 기적이 일어났다. 기도하면 '불가능이 가능으로 바뀌는 일'을 우리 눈으로 똑똑히 목격했다. 자연스럽게 특별한 일이 있을 때면 21일 릴레이 금식기도를 드리고, 성도들에게 일이 생기면 릴레이 금식기도로 후원하는 일이 우리 교회 전통으로 굳어졌다.

릴레이 금식기도는 한 끼, 혹은 하루씩 순번을 정해 돌아간다. 사흘씩 기도하는 분도 있고 21일을 혹은 40일을 내리 기도하는 분도 있다. 한 끼를 굶기도 쉬운 일이 아니다. 급한 문제가 있거나 마음에 소원이 있을 때 금식과 기도를 병행했던 믿음의 선진들을 따르는 것이다. 예수님도, 다니엘도 금식기도를 드렸다.

금식기도를 자주 하면서 정확한 지침을 만들었다. 아침 금식은 전날 저녁 식사 이후부터 다음날 낮 12시까지, 점심 금식은 오전 10시부터 오후 6시까지, 저녁 금식은 오후 3시부터 다음 날 아침까지로 정했다. 이렇게 시간을 정한 것은 정성을 다해 하나님께 간절히 아뢰기 위함이다.

어떤 성도가 "다른 교회 다닐 때는 저녁 금식하고 밤 12시에 라면을 끓여 먹었는데 아침까지여서 힘들다"고 말했다. 시간이 중요한 게 아니라 마음이 중요하다지만 몸을 쳐서라도 우리의 긴박한 마음과 간절함을 올려 드리기를 원해 시간을 정한 것이다. 성도들은 힘은 들지만 시간을 지켜 기도하면 제대로 금식했다는 뿌듯함이 있다고 말한다.

아내는 성광교회를 개척하고 7년간 한 달에 3일씩 금식기도를 했다. 누가 이혼한다, 부부싸움을 했다는 소식을 들으면 금식기도를 한 뒤 설득에 들어갔다. 사업을 시작한 성도가 기도를 부탁하면 바로 3일 금식을 시작했다. 나는 10년 동안 수요일마다 금식했다. 성지순례 갔을 때도 수요일 금식을 지켰다. 성도들이 바닷가에서 해산물을 맛있게 먹으면서 "목사님이 안 드시니 미안해서 먹기 힘들어요. 성지순례 오셨으니 먹어도 되잖아요"라고 했지만 끝까지 먹지 않았다.

그렇게 한 이유가 있다. 한번은 캄보디아 단기선교를 갔는데 그곳 선교사님들과 아침 식사를 약속한 날이 하필이면 수요일이었다. 선교사님들을 다 초청해 놓고 정작 강사이자 초청자인 내가 음식을 먹지 않으면 덕이 되지 않을 것 같았다. 아내와 의논하여 그날 미국에서 아내가 금식하고 나는 선교사님들과 식사하기로 했다.

전날 밤 "하나님이 제게 어떤 사인을 주시지 않는다면 내일은 선교사님들과 식사하겠습니다"라고 기도한 후 잠자리에 들었다. 꿈에 내가 숟가락으로 음식을 떠서 입에 넣는 순간 온몸에 두드러기가 돋는 모습이 너무도 선명하게 보였다. 끔찍한 모습에 깜짝 놀라 일어난 나는 하나님께 회개기도를 드렸다. 다음 날 선교사님들에게 양해를 구하고 음식을 먹지 않았다. 하나님은 금식을 기뻐하신다.

지금은 나이도 들고 일이 많아지면서 힘이 들어 금식기도를 중단했다. 다만 단기선교나 수양회, 특별새벽기도회 같은 때 전 성도가 릴레이 금식기도를 시작하면 그때는 동참한다. 연초와 7월, 21일 특별새벽기도 기간에 아내는 지금도 저녁을 금식하며 기도한다.

우리 교회는 성도들뿐만 아니라 사역자들도 금식기도가 생활화되어 있다. 부사역자들에게 "기도 안 하고 설교하는 건 설교가 아니라 기교에 불과하다. 한 번씩 하는 설교는 반드시 금식하며 기도하기 바란다"고 당부했다. 매번 금식기도 하며 준비하는 일이 쉽지 않지만 정성을 들인 만큼 성도들이 큰 은혜 받는 걸 피부로 느낄 수 있다.

강단에서 말씀을 전하고 내려오는 부사역자들은 이구동성으로 "한 번 금식하고 설교하기도 쉽지 않은데 목사님은 매번 어떻게 그렇게 하십니까?"라고 묻는다.

"목회는 하나님이 주신 특권 중의 특권입니다. 그 특권을 지녔으니 최선을 다하지 않는 게 이상하지요."

나의 답변에 부사역자들이 고개를 끄덕이며 동감을 표했다.

'어떻게 나 같은 자가 하나님 말씀을 대언할 수 있을까?'

강단에 설 때마다 가슴이 벅차다. 생각하면 할수록 하나님의 은혜가 아니고서는 설명이 안 된다. 부사역자들에게 늘 이렇게 말한다.

"세상에서 열심히 일하는 성도들이 시간과 물질을 바쳐 교회에 헌신합니다. 목회자들은 하나님을 믿으면서 월급까지 받고 있어요. 그런데도 게으르다면 잘못되어도 한참 잘못된 겁니다. 성도들은 힘들게 일하고도 다음 날 새벽기도회에 나와 기도하고 또 일하러 갑니다. 사역자들이 새벽기도를 안 하는 건 말이 안 됩니다."

평신도 사역자 출신 담임목사가 성도들의 입장을 대변하니 우리 교회 부사역자들은 목숨 내놓고 사역한다. 우리 교회에서 몇 년 사역하고 다른 교회에 가면 최고가 된다고들 한다. 다른 교회로 간 사역자들이 "성광교회에서 사역할 때와 다를 바 없이 일했는데 좋은 평가를 받았습니다"라고 하면 내가 더 고맙다.

주일마다 직분자들이 예배 시작하기 30분 전에 모여 중보기도 하는 것도 초기부터 내려온 전통이다. 그날 예배를 위해, 설교자와 기도자, 찬양대를 위해 기도하는 것이다. 초창기에 교인이 많지 않을 때는 전 성도가 내 어깨에 손을 얹고 중보기도해 주었다. 그날의 예배를 주님께 잘 드리기 위해 마음을 모은 것이다. 지금까지 그 전통이 내려오면서 예배 30분 전부터 마음의 준비를 하고 있다. 직분자들은 본당을 비롯해 각 예배 처소를 일일이 다니며 강대상과 의자를 붙잡고 중보기도한다. 교회 모든 장소마다 하나님의 임재가 가득하기를 원하며 기도하는 것이다.

●● 말씀에서 비전을 찾으라

목회자 세미나에서 우리 교회의 선교 사역을 전한 뒤 "여러분도 할 수 있습니다"라고 하면 "우리는 돈 없어요"라는 답변이 돌아온다. 그러면 "오직 하나님께만 초점을 맞추세요"라고 말한다.

하나님이 원하시는 일에 초점을 맞추면 재정은 하나님이 채워 주신다. 이것이 내가 목회하면서 경험한 원칙이다. 목회 22년 동안 성광교회 재정은 매년 흑자였다. 미국 내 많은 한인교회가 재정 적자로 허덕인다는데 우리 교회는 많은 돈을 선교지에 보내는데도 지속적으로 더 채워졌다. 하나님의 은혜라고밖에 달리 할 말이 없다.

교회에 돈이 쌓이면 안 된다. 흘려보내야 한다. 돈이 쌓이면 사탄이 돈 냄새를 맡고 틈타게 되어 있다. 우리 교회는 회계 연도가 되면 다음 해 예산의 10퍼센트만 남기고 나머지는 선교지나 지역의 필요한 곳에 사용한다. 어느 정도 규모가 되는 교회가 선교나 구제에 헌금을 사용하지 않으면 돈이 쌓이기 마련이다. 그러나 교회는 돈을 모으는 기관이 아니다. 영혼 구원을 위해, 구제를 위해, 물질을 흩어야 한다. 기독교는 나눠 주는 종교다. 말씀대로 사용하면 하나님이 교회와 성도들에게 복을 주고 교회에 복을 주신다.

목회자는 하나님이 맡겨 주신 교회를 투명하고 정직하게 운영하여 다음 주자에게 넘겨야 한다. 대형교회를 이룬 1대 목회자가 '세습이 아니라 계승'이라고 주장해도 사회는 물론 기독교 내에서도 수긍하지 않는다. 좋지 않다고 하면 안 하면 된다. 사도 바울은 "신앙적으로 아무 이상이 없다고 해도 덕이 되지 않으면 하지 말라"고 했다. 요즘은 선교지에서도 비슷한 현상이 벌어진다. 선교 역사가 길어지다 보니 사역이 엄청나게 확장되면서 상당한 재산을 일군 선교사들이 있다. 자녀들이 그 나라에 자랐으니 물려주고 싶은 마음이 들 수 있다. 하지만 선교가 확장될수록 현지인에게 물려주고 다른 사역을 개척해 나가야 한다.

목회자나 선교사나 하나님 앞에 정직하게 서야 한다. 물론 나 자신에게도 하는 말이어서 두렵고 떨릴 때가 많다. 왜냐하면 하나님께서 다 알고 계시고, 보고 계시고, 듣고 계시기 때문이다. 온전히 하나님의 뜻을 좇으면 성도들이 기쁘게 따른다. 가끔 젊은 목회자들로부터 "목사님의 목회 비결을 가르쳐 주세요"라는 질문을 받는데 비결이 따로 없다. 오직 하나님이 기뻐하시는 길을 따르며 그 길을 성도들에게 올곧게 가르칠 뿐이다. 그러면 결과는 하나님이 책임져 주신다.

교회성장 세미나에 갔을 때 젊은 목사들이 나에게 "비전을 나눠 주시고, 세워 주세요"라고 부탁하기에 이렇게 이야기해 주었다.

"목회자가 스스로 기도해서 자기 비전을 받아야지, 남이 비전을 받아 줄 수는 없습니다. 듣고 참고할 수는 있겠지만 스스로 세워야 합니다."

하나님과 1대1로 기도할 때, 성경을 읽을 때, 목회 비결이든 비전이든 발견할 수 있다. 나는 하나님이 불러내시면서 바로 비전을 주셨고, 그 비전을 바라보며 여기까지 달려왔다. 목회자마다 하나님의 부르심이 다르니 스스로 기도하고 말씀 보는 가운데 비전을 찾아야 한다.

Part 3.

성도,
성령의 일하심을
보다

chapter 9

평신도의 힘은
무궁무진합니다

●● 평신도 사역자가 빡세게 달리는 교회

우리 교회 성도들은 교회에 대한 자부심이 대단히 크다. 새가족반 수료 때나 연말 간증 시간에 성도들이 감동을 토로하면 감정이 벅차오른다. 우리 교회에 대해 공통적으로 하는 말이 있다.

"예배가 살아 있다. 말씀이 살아 움직인다." "매 순간 기다려진다. 그냥 주일이니까 오는 게 아니라 늘 사모하게 된다." "선교를 실질적으로 실행한다. 내가 하고 싶었던 사역을 할 수 있는 교회다." "우리 교회에 오면 가정이 회복된다."

워싱턴성광교회 성도들은 영적 자신감이 넘치는 가운데 밝고 긍정적이다. 교회를 다니는 목적과 삶의 목표가 확실하다. 모두가 평신도 사역자라는 사명감으로 믿지 않는 영혼에 대한 긍휼함이 가득해 선교에 총력을 기울인다. 목회자보다 자질이 뛰어난 평신도들이 많아 놀라곤 한다. 나 자신이 오래 평신도로 활동했기 때문에 평신도들이 얼마나 뛰어난지, 그들이 뭘 해야 하는지 잘 알고 있다는 게 우리 교회의 강점이다.

외부에서는 "성광교회가 좋은 건 확실한데 좀 빡세다. 단단히 마음먹지 않으면 따라갈 수 없다"고 평한다. "성광교회에 가면 사역자라는 각오로 헌신해야 해서 선뜻 가고자 마음먹기 힘들다"는 말들도 한단다. 말씀대로, 예배 중심으로 사는 걸 사람들이 빡세다고 하는 게 이해 안 된다고 하자 아내가 "예수님 따라가려니 빡세죠. 예수님께 더 가까이 나아가기 위해 애쓰는 가운데 붙은 별명이어서 자랑스러워요"라고 답했다.

그런가 하면 '신앙생활을 제대로 하겠다'는 각오로 우리 교회로 오는 분들도 많다. 열심히 달리면 그 믿음에 합당한 복을 받게 되어 있다. 얕은 물에는 작은 고기가 살고, 깊은 물로 나가야 큰 고기가 사는 것과 같다. 구원은 믿음으로 받지만 생활의 축복은 순종에 따른 행위로 받는다. 우리가 빡세게 신앙생활을 하지 않았다면 지금 같은 선교하는 교회가 되지 못했을 것이다.

다른 교회에서 우리 교회를 '빡센' 교회, '성광사관학교'라고 부르지만 정작 우리 성도들은 그렇게 생각하지 않는다. 자주 받는 질문 중에 "성광교회는 어떻게 평신도들이 교회 일에 그렇게 열심입니까? 비결이 뭔가요?"도 있는데, 아무리 생각해도 별다른 게 없다. 평신도들이 '나도 엄연한 사역자'라는 각오로 일치단결하여 열심히 달려 주어서가 아닐까. 의미 있게 힘들면 성도들은 결코 힘들다고 여기지 않는다. 성도들은 오히려 영적 충만함을 채우느라 힘든 것을 즐거워한다.

특히 우리 교회 성도들은 직분을 맡았을 때 사명감을 갖고 임한다. 은이나 금으로 살 수 없는 하늘나라 직분을 주님이 우리에게 맡기셨기 때문이다. 나는 은혜받고 나서 교회의 직분이 얼마나 귀하고 축복된 자리인지 절실히 깨달았다. 직분을 맡으면 무슨 일이든지 최선을 다해 충성했다. 그 결과 선교부를 맡으면 선교부가 부흥했고, 교육부를 맡으면 교육부가 불같이 일어났다. 맡은 일에 충성을 다하자 기도하는 것마다 응답되었다. 사업이 왕성하게 일어났고 자녀들이 복받기 시작했다. 하는 일마다 형통하자 담임목사님이 우리 부부를 '하나님의 손이 함께하는 부부'라고 하실 정도였다.

나는 직분자들에게 늘 이렇게 강조한다.

"하나님이 전혀 자격 없는 우리 같은 자도 택하셔서 귀하게 쓰십니다. 맡은 자에게 구할 것은 오직 충성이라고 하였으니 충성하시기 바랍니다. 세상 일도 충성하면 인정받는데 하물며 하나님께 충성하면 얼마나 놀라운 은혜로 채워 주시겠습니까?"

죽으면 썩을 몸 아닌가. '건강할 때 충성, 돈 있을 때 충성, 시간 있을 때 충성'해야 한다. 천국이나 지옥에 가면 '걸걸걸' 하는 사람이 많다고 한다. 천국에서는 '더 충성할 걸', 지옥에서는 '예수 믿을 걸' 하고 후회한다는 것이다. 장례식 집례를 하다 보면 이런 말들이 더 가슴 깊이 박히곤 한다. 세상에서 살 때 주님의 피 값으로 산 교회에 충성을 다해야 한다.

충성에도 종류가 있다. 기도, 봉사, 물질로 충성할 수도 있지만 가장 큰 충성은 영혼을 사랑하고 그 영혼을 돌보는 목양일 것이다. 그래서 우리는 목자의 사명을 매우 중요하게 생각한다. 장로, 권사, 안수집사 같은 직분도 귀하지만, 목자는 영혼을 사랑하고 돌보는 직분이기 때문이다. 따지고 보면 목자도 목사와 같은 목양직이다. 우리 교회는 예배 때 목자에게 대표기도를 맡긴다. 그 이유는 목양을 해야 주님의 마음을 헤아리고 신앙도 성숙해지기 때문이다. 더불어 목회자의 마음도 이해하게 된다.

교회는 직분 중심이 아니라 사역 중심, 특히 목양 중심이 되어야 한다. 이는 평신도 생활을 오래 하면서 깨달은 사실이다. 목양하지 않으면 자기 신앙은 겨우 지킬지 모르지만 영혼을 사랑하는 간절한 마음은 결코 가질 수 없다.

집사장으로 교회를 이끌었던 평신도 시절, 새벽마다 기도하면서 주님의 마음을 알게 되었다. 새벽에 부르짖어 기도할 때면 영혼의 곤고함이 보여 통곡이 저절로 나왔다. 성도들을 위해 기도하면 사랑의 마음이 커졌다. 이것이 바로 목자의 심정이다.

고린도전서 13장은 '은사 중의 은사는 사랑'이라고 강조한다. 성경에서 말하는 이 사랑은 영혼에 대한 사랑이다. 목장 활동이 힘들고 목회가 힘든 이유는 영혼에 대한 사랑이 불타지 않기 때문이다. 평신도가 영혼을 사랑하는 마음을 안고 열심히 달리는 교회, 바로 워싱턴성광교회다.

평신도가 사역자처럼, 사역자가 평신도처럼

우리 교회 신종우 전도사는 2016년 3월 미국에 잠시 왔다가 우리 교회 사역자가 되었다. 한국에 있을 때 신 전도사는 직업 군인으로 복무하던 중이었고, 부인은 시립합창단 단원이었다. 신 전도사 또한 성악을 전공했기 때문에, 둘은 여러 교회를 다니면서 솔리스트로 활약하곤 했다.

부인의 박사과정 진학을 알아보기 위해 미국에 방문했던 두 사람은 우리 교회에서 2주 동안 예배드린 후 한국으로 돌아갔다. 한국에 돌아가서도 계속 우리 교회가 떠오르면서 '하나님이 정말 사랑하시는 교회구나'하는 생각이 떠나지 않았다고 한다. 공무원 신분으로 안정된 삶을 누리던 부부는 신앙 회복이 필요하다는 생각에 1년간 휴직하고 미국으로 왔다. 그때부터 여행 한 번 가지 않고 우리 교회에서 목장 활동을 열심히 하며 교육프로그램에 참여했다.

그러던 중 신 전도사는 "하나님, 찬양 사역자로 살고 싶습니다. 아프리카에 가라시면 거기 가서 찬양 사역을 하겠습니다"라고 서원했다. 신 전도사가 찬양에 필요한 사람은 맞았지만, 우리 교회는 담당 사역자가 있어서 맡길 수 없는 상황이었다. 어느 날 아내가 기도하는 가운데 "신 집사에게 교회 사찰 집사 자리를 맡겨라"는 성령의 음성을 들었다. 사찰 집사가 엄연히 근무 중이어서 이상하게 생각하며 계속 기도만 드렸다.

그로부터 열흘 후, 5년간 일한 사찰 집사가 갑자기 한국으로 가게 되있다고 말했다. 그제야 신 선도사 부부에게 "교회 사찰 집 사직을 맡을 수 있겠습니까?" 하고 물었다. 당시 신 전도사 부부는 그 얘기를 듣고 매우 놀랐다고 한다. 사실 음악 전공자들에게 그 말을 전하는 우리도 놀란 건 마찬가지였다. 교회 사찰은 대개 나이 많고 특별히 전문 분야가 없는 사람이 맡는 걸로 생각했기 때문이다.

신 전도사에게 일주일간 기도한 뒤 대답해 달라고 했는데 며칠 만에 부부가 나를 찾아왔다.

"목사님, 기도하는데 '하나님 성전의 문지기가 세상의 천 날보다 낫다'는 마음을 주셨습니다. 기쁨이 충만합니다."

그 대답으로 신 전도사는 교회 관리를 맡았다. 그때만 해도 집사 직분으로 임했는데, 신학교에 진학해 공부하면서 전도사로도 사역하고 있고, 지금은 찬양 사역자로도 충성을 다하고 있다.

신 전도사가 워싱턴성광교회에서 사역한다고 하자 신학교 동기가 '성광교회는 좋긴 하지만 한편으로는 겁나는 교회'라고 했다고 한다. 무슨 사역을 하느냐는 물음에 찬양 사역, 교구 담당, 교회 시설관리 담당이라고 하자 어떻게 세 가지 사역을 하느냐고, 왜 전도사가 교회 시설 담당을 하느냐며 이해할 수 없다는 반응을 보였다고 한다. 그래서 신 전도사가 이렇게 말했단다.

"왜 못합니까? 우리 교회는 평신도가 사역자처럼 일하는 교회입니다. 그렇다면 사역자도 평신도처럼 일해야지요. 사역자가 교회 시설과 건물 관리를 어떻게 하느냐는 말이야말로 이해가 안 갑니다. 목회자는 이래야 하고 평신도는 저래야 한다, 그런 선입견 속에서 직분에 따라 역할 차이를 두는 게 더 이상한 것 아닌가요? 목양은 목회자 전유물, 찬양은 음악전공자 전유물, 교회 관리는 나이 많고 특별한 달란트 없는 사람이 해야 한다는 식으로 구분 짓는 게 오히려 납득이 안 갑니다. 우리 교회는 교구 사역을 평신도들이 다 맡아서 합니다. 사역자들은 취합하고 관리하는 정도입니다. 교회 시설도 평신도들이 내 집처럼 쓸고 닦으면서 가꾸기 때문에 저는 전체 관리 정도만 하면 됩니다. 우리 교회는 평신도와 사역자 구분 없이 모두 열심히 하나님의 일을 합니다. 사역자도 평신도처럼 달려야 평신도에게 사역자처럼 달리라고 말할 권리가 있다고 생각합니다."

신 전도사의 답변이야말로 내가 평소 하던 생각과 일치한다. 우리 교회는 평신도가 사역자처럼 달리는 만큼 사역자는 평신도처럼 달린다. 평신도가 역량을 발휘하며 달리려면 전문 사역자들이 서포트를 잘해야 한다.

●● 선교사와 소통하는 평신도

"어떻게 재정의 50퍼센트 이상을 선교비로 쓸 수 있습니까?"

다른 교회에서 우리 교회를 견학 온 목회자나 중직자들이 단골로 던지는 질문이다. 자기들을 아무리 노력해도 선교비 지출이 전체 예산의 5퍼센트를 넘기기 힘들다는 것이다. 우리 교회는 예산을 짤 때 선교 예산부터 우선 책정한다. 그다음에 나머지 부서의 예산을 배정한다. 중요한 것부터 먼저 수립하는 건 당연한 일이다. 선교가 중요하다면 선교 예산부터 먼저 세워야 한다.

성도들이 '영혼 구원이야말로 교회가 해야 할 최우선적 소명'이라는 사실을 정확히 인지하면 누가 말하지 않아도 실천에 옮긴다. 건축이 최우선 과제라고 생각하는 교회에서는 자연히 건축에 많은 예산을 쓸 것이다. 우리는 하나님의 꿈인 선교가 최고의 소명이기에 선교에 집중하는 것이다.

전도가 하나님의 마음이라면 선교는 하나님의 꿈이다. 선교학자 앤더슨(Gerald H. Anderson)은 "불꽃 없이 불 없고, 선교 없이 교회 없다"고 했다. 선교하지 않는 교회는 교회가 아니라는 뜻이다. 죽어 가는 영혼에 관심을 갖지 않는다면 어떻게 성도이며 교회라고 할 수 있겠는가?

우리 교회는 '선교는 후원이 아니라 동역'이라고 생각한다. 선교는 생명을 살리고 환경도 살린다. 복음이 들어간 나라들을 보라. 한국만 봐도 알 수 있지 않은가. 복음이 들어가고 100여 년이 지난 지금 엄청나게 발전했다. 한국 사람이 똑똑하고 억척같아서라고 하는데, 그렇다면 왜 지난 오천 년은 지금처럼 발전하지 못했을까 궁금하다. 한국의 번영은 복음이 들어가면서 하나님이 복을 주신 결과다.

선교는 영혼 구원뿐만 아니라 환경의 구원도 함께 불러온다. 성경에는 두 가지 큰 명령이 있다. 하나는 문화 명령이고 다른 하나는 선교 명령이다. 문화 명령은 생육하고 번성하는 것이다. 영혼이 잘되면 범사의 축복이 함께 일어난다.

영국의 역사학자 아놀드 토인비(Arnold Joseph Toynbee)는 "바울이 타고 간 배에는 유럽의 문명이 실려 있었다"고 했다. 복음이 들어가면 환경의 변화가 반드시 따라온다. 선교의 명령을 통상 제11계명이라고 부른다. 선교란 그만큼 중요하다. 주님이 주신 명령은 지켜도 되고 안 지켜도 되는 게 아니라, 반드시 지켜야 하는 것이다.

우리 교회 모든 목장은 세계 각국의 선교사와 연결되어 있다. 선교부 담당 장로님이 휴대전화 메시지로 교회 소식과 설교를 모든 선교사에게 보내면 선교사들은 선교지 소식을 보내온다. 선교사들이 기도 제목을 올리면 전 교인과 공유해 모두 함께 기도로 동역한다.

각 목장과 연결된 선교사들은 메일로 선교 보고를 한다. 목원들은 선교사들이 보내온 편지와 사진을 보며 기도하고 지원한다. 그뿐만 아니라 각각의 목원들은 배정된 선교사님과 단톡방에서 실시간으로 대화를 나눈다. 잘 계시는지, 건강은 어떠신지, 선교지 성도들에게 어떤 문제가 있는지, 소소한 것까지 나눈다.

선교사들이 우리 교회를 방문했을 때 목원들과 중보기도 팀원들이 선교사와 가족들의 세세한 사정을 물으며 안부를 전하면 깜짝 놀라며 감사를 표한다. 선교사와 목원들의 유대관계가 끈끈해야 함께 선교한다는 동질감 속에서 후원이 지속된다. 선교사와 목원들의 관계가 긴밀하게 이어지는 것은 대단히 중요한 일이다.

매주 목장 모임 헌금은 전액 해당 선교사에게 보낸다. 각 목장에서 헌금하고 기도하며 선교사를 직접적으로 돕는 것이다. 선교사가 워싱턴을 방문하면 대개 소속된 목장의 목원 집에서 묵는다. 선교사를 성도 가정에 모시면 좋은 점이 많다. 선교사는 성도와 이야기 나누며 선교지 소식을 더 많이 공유할 수 있고, 성도들에게도 동기부여가 된다.

단, 성도가 개별적으로 선교사에게 재정을 지원하는 것은 금하고 있다. 특정 선교사를 돕고 싶으면 교회에 지정헌금을 하도록 권유한다. 모든 일에는 질서가 있어야 한다. 또 성도가 선교사와 개인적으로 가까워지는 과정에서 문제가 생길 수도 있다. 선교사가 무리한 요구를 하여 시험에 든 성도가 실족하는 경우를 본 적도 있다.

그래서 파송선교사와 협력선교사들에게 재정 관련 사항은 교회로 연락하라고 당부했다. 교회로 창구를 일원화해야 성도들이 부담을 느끼지 않는다. 어려움이 있을 때 다 같이 하나님께 기도하는 것이 바른 방법이다. 선교의 주체는 하나님이시고, 하나님께 기도하면 성령이 역사하셔서 필요한 것을 보내 주신다.

헌금이 어디에 쓰일지 걱정 안 되는 교회

우리 교회는 매월 10만 달러 이상의 선교 헌금을 전 세계 선교사들에게 보낸다. 큰 지원을 해야 할 일이 있을 때는 모자라는 부분을 교회에서 보태서 보낸다. 돈 한 푼 없이 시작한 교회지만 하나님의 소원을 이뤄드리기 위해서 열심히 달리자 우리의 능력을 뛰어넘는 결과를 허락하셨다.

우리 교회 봉사자들은 교회 돈으로 회식을 일체 하지 않는다. 성가대 가운도 성가대원들이 스스로 마련하고, 세탁도 각자 알아서 한다. 교회학교 간식도 담당 부장이나 교사들이 자비로 충당한다. 새가족반은 새신자들이 6주 동안 교육받으면 7주 차에 파티를 여는데, 그 파티도 담당 부서 성도들이 스스로 마련한다.

나는 찬양대장을 임명할 때 "전적으로 헌신하겠습니까?"라고 물어본 뒤 "예"라고 답하면 이렇게 당부한다.

"좋습니다. 그런데 조건이 있습니다. 일 년에 두 번은 찬양대원들을 대접해야 합니다. 그럴 수 있습니까?"

3부 예배 찬양대원은 90명이 넘는다. 이들과 가족들을 한 번 대접하려면 수천 달러가 든다. 이렇게 교회 재정을 아껴서 50퍼센트 이상을 선교비로 지출하는 것이다.

교회 점심도 1달러를 받는다. 모 권사님이 "우리 교회는 너무해요. 점심값까지 받는 건 심하지 않아요?"라고 불만을 토로했다. 그런데 그 권사님이 아프리카에 단기선교를 다녀오더니 그

동안 점심값에 대해 불만스럽게 생각한 걸 회개했다며 울면서 간 증했다.

"나무 아래에 1,000여 명의 아이가 맨발로 모였습니다. 그 아이들이 1달러면 하루를 넉넉히 살 수 있다는 걸 알고 나서 너무도 부끄러웠습니다. 우리가 보낸 헌금으로 수많은 아프리카 아이를 돕는다는 걸 확인하고 다시는 불평하지 않기로 했습니다."

우리 교회에서 신앙생활하다가 다른 주로 이사한 분들이 옮겨 간 교회에 적응이 안 된다며 이런 얘기들을 하신다.

"물론 영적인 문제도 있지만, 더한 문제는 교회 안에서 여러 모임을 한 후 교회 돈으로 식당에 가서 식사하는 게 영 적응이 안 돼요. 자기 다리 잘라 먹는 것과 뭐가 달라요. 영혼 살리는 데만 헌금을 사용하다가 우리가 낸 헌금을 우리 즐기자고 쓰니 마음이 불편해요."

운영비와 다음 세대를 위해 쓰는 비용을 제외한 모든 재정을 영혼 살리는 데 쓰자는 것이 우리 성도들의 일치단결된 마음이다. 성도들은 우리 교회를 '헌금이 어디에 쓰일지 걱정되지 않는 교회'라고 평가한다. "헌금하는 것이 조금도 아깝지 않습니다. 허투루 나가는 돈이 없다는 걸 알기 때문입니다"라고 말한 분은 지금 평신도 선교사로 사역하고 있다.

우리 교회에서 사역하다가 파송된 선교사들은 주변 교회들보다 빨리 자립하는 경향이 있다. 선교사들이 교회를 개척하여 자립하는 경우가 그리 많지 않다. 자립한다고 해도 시간이 오래 걸리기 마련인데 '성광 스피릿'을 가진 선교사들은 다르다. 선교사들은 선교지에서도 우리 교회 방식이 통한다고 증언한다.

"선교와 다음 세대에 관한 비용 외에는 일체 자체 조달하고, 십일조를 철저하게 가르칩니다. 그러면 재정에 대해서는 걱정할 것이 없습니다."

우리 교회에는 특별한 부자가 없다. 그런데도 헌금이 차고 넘친다. 나이 많은 권사님들은 계를 부어서 선교헌금을 하신다. 어떤 분은 큰 사업을 하는 것도 아닌데 매년 20만 달러를 헌금한다. 한국에서 우리 교회로 선교헌금을 보내는 분들도 있다. 참 신기한 일이다. 하나님이 기뻐하시는 일을 하니 하나님이 채워 주신다는 것 외에 다른 설명을 할 수 없다.

지난 몇 년간 코로나 팬데믹으로 모두 힘들어했는데 우리 교회는 분기마다 헌금 기록을 경신했다. 재정이 차고 넘쳐 재정부원들이 놀랐을 정도다. 역시 하나님이 기뻐하시는 일을 하면 하나님이 채워 주신다는 것 외에 달리 할 말이 없다.

●● 평신도들이 개최한 세계선교대회

2006년 창립 5주년을 맞이하여 처음으로 해외에 파송한 선교사들을 초청했다. 이 행사는 해마다 열렸는데, 2011년 창립 10주년에 열린 제6차 성광세계선교대회에는 세계 각지에서 온 118명의 선교사가 참석했다.

이분들의 비행기 값만 해도 15만 달러였다. 숙식과 여행 경비 및 선물까지 합하면 엄청난 예산이 필요했다. 그런데 이 모든 비용을 목장에서 성도들이 자진해서 부담했다. 선교대회에 참석한 시드선교회 대표이자 중앙장로교회 담임이던 고 이원상 목사님이 "한국에 5만 교회, 미주에 3,000 교회가 있지만 어느 교회도 평신도가 주축이 되어 자비량으로 선교대회를 치룬 적이 없습니다"라고 칭찬하며 이렇게 말씀했다.

"워싱턴성광교회가 부흥하고 잘되어야 합니다. 선교는 하나님의 꿈이신데 선교하는 교회가 부흥하고 잘되는 것을 실제로 보여주어야 하기 때문입니다."

교회를 시작할 때 창립 10주년 때 파송선교사와 협력선교사를 모두 초청하겠다고 하나님과 성도들에게 약속했는데 그 약속을 지켜 기뻤다.

당시 우리 교회 출석 성도는 700명 정도였다. 그 정도 규모에서 세계 각국에 퍼져있는 118명의 선교사를 초청하는 건 쉽지 않은 일이었다. 성도들은 선교대회를 앞두고 물건바자회와 음식바자회를 크게 열어서 십시일반으로 기금을 마련했다. 음식 솜씨 좋은 분들은 김치와 족발 같은 한국 음식을 만들어 판매했다.

선교사님을 모시기 위해 헌금하는 과정에서 은혜로운 간증들이 쏟아졌다. 세금 보고하고 환불받은 금액을 다 헌금한 분도 있고, 대출을 내서라도 헌금을 준비하려는데 갑자기 회사에서 예상치 않은 보너스를 받은 분도 있었다. 신기하게도 보너스가 헌금하려던 액수와 일치했다며 놀라워했다. 쏟아지는 간증에 다 같이 은혜받으며 '우리가 하나님의 일을 하면 하나님은 우리 일을 하신다!'는 구호를 실감했다.

선교사님들이 입국할 때 목장 식구들이 공항에 나가 영접하고 떠날 때까지 섬겼다. 선교사님들이 하나같이 입을 모아 "성광교회에서 파송해 주신 것이 고맙고 자랑스럽습니다. 다른 선교사들이 부러워합니다"라고 말씀해 주셨다. 정말 감사한 일이다.

미국 전역에서 개교회가 자체적으로 큰 규모의 선교대회를 연 곳은 성광교회가 유일하다. 남침례교단 총회장과 해외선교부 의장 목사님이 참석한 모임에서 우리 교회 선교대회에 대한 얘기가 나왔다. 다들 나에게 "교단 전체가 힘을 합쳐도 하기 힘든 일을 어떻게 한 교회 할 수 있습니까?"라고 질문했다.

"세상 끝까지 복음을 전해야 한다는 사실을 알고 있지만 적당한 방법을 찾지 못해 생각만 하는 교회가 많은데 그 일을 실제로 해내서 충격받았습니다. 선교의 사례를 총회 차원에서 미 전역에 알려 모델로 삼아야겠습니다."

"일반 목회자가 시도하기 힘든 사역을 성광교회가 해낸 것은 담임 목회자가 평신도의 마음과 목회자의 마음을 다 갖고 있어서 가능한 것 같습니다."

그 자리에서 이런 말이 오갔다. 나는 목사님들에게 "우리 교회 평신도들이 한 사람 한 사람 사역자라는 각오로 달렸기에 가능한 일입니다"라고 이야기했다. 다시 한번 강조하지만 '평신도의 힘은 무궁무진하다'는 사실을 목회자들은 잊지 말아야 한다.

chapter 10

하나님은
하나님의 일을 하십니다

●● 안 할 사람은 입 다물고 있자

우리 교회는 특출난 부자가 없다. 개척 당시에는 영주권 있는 성도가 별로 없었고, 자기 집을 소유한 성도도 딱 한 명뿐이었다. 지금도 초창기보다는 형편이 많이 나아졌지만 그렇다고 엄청난 부자는 찾기 힘들다. 하지만 교회 일을 하는데 물질이 부족해서 추진하지 못한 일은 없다. 때마다 하나님이 성도들을 통해 물질을 마련해 주셨다.

15년 전 여름, 우리 교회 단기선교팀이 온두라스에 가기로 했다. 팀원들은 출발하기 몇 달 전부터 현지에서 펼칠 선교를 준비하며 훈련하는 시간을 가졌다. 미리미리 선교비 모금을 위한 펀드레이징 활동도 열심히 펼쳤다. 몇 달 전부터 준비하기 때문에 임박해서 변경되는 사항은 별로 없다. 그런데 떠나기 일주일 전, 현지 선교사로부터 연락이 왔다. 유치원 놀이터를 조성하기 위해 5,000달러가 필요하다고 했다.

그 이야기를 팀원들과 나눴다. 그러자 교회 나온 지 얼마 안 된 성도가 "지금 말하면 우리한테 갖고 오라는 거야 뭐야"라며 불만을 표했다. 아직 우리 교회 풍토를 몰라 그랬던 것이다. 우리 교회 성도들은 자기가 하지 않는 일에 대해서는 입을 다무는 훈련이 되어 있다. 교회 또한 그런 선교지 상황을 보고받을 때 필요한 재정을 공유는 하되, 필요한 때까지 펀드레이징이 안 되면 교회 재정으로 지원한다.

며칠 후, 교회에서 미팅을 마치고 나오는데 아내가 "권사님이 운영하는 사업장에 가 봐야겠어요"라고 했다. 우리는 평소 심방을 가던 시간보다 일찍인 오전 9시가 조금 넘은 시각에 출발했다. 권사님이 "이 시간에 어쩐 일이세요?"라며 깜짝 놀랐다. 지나는 길에 잠깐 들렀다고 한 뒤 기도하고 일어서려는데 권사님이 "혹시 우리 교회에 5,000달러가 필요한가요?"하고 물었다. 아내가 "지난주 주보에 온두라스 유치원 놀이터 조성 대금 광고가 나갔어요" 하자 권사님이 주보를 안 봐서 그 사실을 몰랐다고 했다.

"주일에 예배 마치고 돌아와 집에서 기도하는데 자꾸만 성령님께서 교회에 5,000달러를 헌금하라는 마음을 주셨어요. 그래서 '왜 만날 저한테 헌금하라고 하세요?' 그랬어요. 오늘 아침에 집에서 나오려는데 '5,000달러 준비해서 가라. 임 목사 부부가 가게로 올 것이니 오늘 가지고 가라' 그러셔서 현금으로 5,000달러를 갖고 왔어요."

아내와 그 권사님이 같은 성령의 음성을 들은 것이다. 온두라스 유치원에 놀이터 짓는 것이 하나님의 뜻이었기에 그런 역사가 일어난 게 분명했다.

그날 권사님이 헌금하신 5,000달러를 단기선교팀에게 주면서 "하나님이 준비해 주셨습니다"라고 말했다. 그 일이 그 팀은 물론 교회 전체에 선한 영향을 미쳤다. 성도들은 하나님의 행하심에 대해 더욱 확신을 갖게 되었다. 그때부터 "안 할 사람은 입 다물고 있자"라는 말이 또 하나의 표어가 되었다.

몇 달 전 어느 성도님 댁에 심방을 갔는데 때마침 나한테 문자 메세지가 왔다. 탄자니아 바이블칼리지를 섬기는 순회선교사님이 보낸 것으로, '신학생 데리고 다닐 버스가 필요합니다. 3만 달러면 중고버스를 살 수 있습니다'라는 내용이었다. 그 성도가 어디서 온 문자냐고 물어 내용을 읽어 주었더니 "제가 헌금하겠습니다"라고 했다.

"하필이면 왜 목사님이 우리 집에 오셨을 때 그 문자가 왔을까요. 그건 하나님이 저한테 헌금하라고 사인을 주신 겁니다."

우리 부부는 은혜받고 나서 사람을 만날 때, 우연히 만난 적은 한 번도 없다. 하나님이 만나게 해주시고, 하나님이 일을 되도록 이끌어 주셨다. 특별히 성령의 음성에 민감한 아내는 갑자기 어디를 가자고 하는 경우가 많다. 과거에는 "거기를 왜 가야 하는데?"라고 물었지만 지금은 가자고 하면 바로 일어난다. 가보면 이유를 알게 된다.

하나님은 어떤 순간에도 하나님의 일을 하신다. 하나님의 뜻은 어떤 경우에든 이뤄진다. 일부러 우리가 궁리할 필요가 없다. 우리는 그저 하나님이 기뻐하시는 일만 찾아서 하면 된다. 일단 믿음으로 시작하면 뒷감당은 하나님이 어떤 방법으로든 해주신다. 이 사실을 성도들이 자주 목격했기에 더 열심히 달리는 것이다.

주의 일을 열심히 한 성도들은 대부분 재정적으로 큰 어려움 없이 여유롭게 생활한다. 평신도 사역자로 열심히 뛰면서 영적, 육적 필요가 충족되어서 그럴 것이다. 영혼이 잘되면서 범사도 잘된 것이다.

●● 성도와 비전을 공유하다

나는 매주 교회 주보에 목양칼럼을 기고해 왔다. 2003년부터 코로나로 잠시 대면 예배가 중단된 2020년 3월까지 꼬박 계속했다. 칼럼은 대부분 우리 교회 행사와 관련된 내용을 담았다. 교회의 중요한 일들을 성도들과 공유하면서 함께 기도해 온 기록인 셈이다.

단순한 칼럼이 아니라 여러 사안에 대한 나의 견해를 가감 없이 밝히는 장이었다. 내가 목양팀장과 목자들을 통해 성도들의 소식을 접하듯 성도들은 목양칼럼을 통해 나와 비전을 공유해 온 것이다. 교회 행사에 앞서 당부할 말들, 행사가 끝난 후 소회와 행사비를 어떻게 썼는지에 관한 보고도 있었다. 교회 일에 대해 한 점 의혹 없이 모든 것을 오픈하며 함께 해온 시간이다. 근 20년간의 기록을 살펴보면서 그간 우리 교회가 걸어온 길을 한눈에 볼 수 있었다. 매년 발전하면서 어려운 과정을 함께 헤쳐 나왔다는 게 너무도 감사했다.

교회 개척 22년이 되니 정례적으로 치르는 모임이 많아졌다. 매년 연초에 특별새벽기도회를 통해 성광교회를 설립하신 하나님의 특별하신 뜻을 되새기는 시간을 가진다. 하반기가 시작될 때 다시금 마음을 다잡고 하나님의 뜻을 생각하는 특별새벽기도회를 개최한다. 매년 성도가 크게 늘어나 기존 성도들에게는 재다짐의 시간, 새로 오신 분들과는 교회의 설립 목적과 비전을 나누며 하나 되는 시간이다. 고난주간에도 일주일간 특별새벽기도회가 열린다.

2~3년에 한 번씩 1월이면 교회 내 각 부서에 필요한 헌물 리스트가 발표된다. 초창기부터 지금까지 교회 기물은 대부분 성도들의 헌물로 채워졌다. 오르간, 프로젝트, 피아노, 음향기기, 친교실 테이블과 의자, TV, 컴퓨터, 찬양대 가운까지도 성도들이 정성을 다해 하나님께 드렸다.

선교사님들의 요청이 올 때도 헌물 리스트를 작성해 성도들에게 공개한다. 2008년 리먼브라더스 사태로 미국 경제가 어려웠고 이듬해까지 여파가 미쳤다. 2009년 성광고아원에서 헌물을 요청했을 때 힘든 가운데서도 여러 성도가 동참했다. 집이 멀어 주일 예배에 자주 참석하지 못하는 성도가 주보를 보고 헌금을 보내오기도 했다. 그래도 모자라는 헌물이 있어 몇 주 동안 광고를 하자 한 성도가 연락을 주었다.

"목사님, 이런 좋은 일에 광고가 오래 나가는 것은 선교하는 교회로서 부끄러운 일입니다. 나머지 물건을 살 수 있는 금액을 제가 모두 헌금하겠습니다."

당시 목양칼럼을 보니 이런 내용이 있었다.

'천국은 침노하는 자의 것입니다. 있는 자는 더 있게 하는 것이 천국의 법칙입니다. 일 년에 한 번 교회와 선교지에 필요한 물품을 헌물하는 것은 요즘 같이 경기가 좋지 않은 어려운 때에 하나님께 믿음을 보일 수 있는 참으로 좋은 기회입니다. 누구나 할 수 없는 일을 하는 것이 참된 용기이고 믿음입니다. 이제 교회 물품만이 남았습니다. 다음 주가 마지막으로 주보에 고시하는 날입니다. 기도하시면서 동참하시기 바랍니다.'

초창기에는 매년 4월에 성광세계선교대회가 열렸는데 이제 5년에 한 번씩 개최한다. 10월이면 사랑나눔축제가 펼쳐진다. 선교대회와 사랑나눔축제는 우리 교회 양대 축제로 자리잡았다. 성도들도 훈련이 되어 때마다 교회 행사를 전문가처럼 치러낸다. 그간 열린 일곱 차례의 선교대회를 돌아보면 성도들의 역량에 놀라움을 금할 수 없다.

5월이 되면 단기선교를 앞두고 바자회가 열린다. 각자 집에서 사용하지 않는 물품을 가져와서 판매하는 물품바자회와 음식을 만들어서 판매하는 음식바자회를 열어 그 돈을 단기선교 헌금으로 내는 것이다. 음식바자회는 팀별로 하거나 개인별로 참여하는데 음식 재료비를 제하지 않고 판매대금 전체를 헌금하는 게 우리 교회의 전통이다. 바자회가 힘들다고 차라리 돈을 내겠다는 성도들도 있었다. 그럴 때면 이렇게 독려한다.

"그러면 의미가 없습니다. 바자회 목적은 모든 성도가 일 년에 한 번이라도 선교 기금 마련에 동참하는 것입니다. 단기선교 기금 마련 행사를 통해 선교에 대한 마음을 모으는 게 중요합니다."

신앙생활을 편하게 하려는 생각을 버려야 한다. 모든 일을 쉽게 하려다 보면 그것이 올무가 되어 신앙까지도 잃어버리게 된다. 일이 차선이 되면 안된다. 사탄이 쳐 놓은 적당주의 덫에 걸리면 성령의 역사가 교회에서 소멸된다. 항상 최선을 다한다면 상급이 클 것이다.

바자회와 더불어 볼링대회와 성광골프대회를 개최해 단기선교 기금에 보탠다. 매년 5월에 여는 골프대회와 볼링대회는 교회에 다니지 않는 분들을 초청해 교제를 나누며 전도하는 시간이기도 하다.

크리스마스 무렵이 되면 우리 교회는 주변의 복지센터와 노인회, 소방서와 경찰서에 선물을 보낸다. 미국 기관에도 선물을 하는데 특별히 미국 노인회와 복지센터에서 매우 반가워했다. 지역의 소방서와 경찰서에서도 우리의 방문을 반겼다. 여러 단체에 우리 교회 이름으로 장학금을 지급한다. 크리스마스 때는 아프리카 선교사님들을 통해 그곳 아이들에게 선물 보내는 일도 계속해 오고 있다.

●● 지워 버릴 뻔한 기도제목

나는 강단에서 "하나님 믿는 사람들이 잘돼야 한다. 정직하게 많이 벌어서 주의 일에 통 크게 쓰자"고 강조한다. 매일 새벽기도 드리고 열심히 주를 위해 달리면 당연히 복을 받게 되어 있다. 지난 22년 동안 성도들이 응답받은 걸 꼽아 보면 실로 어마어마하다. 교회를 위해 헌신하는 중직자들이 다 복받고 편안한 이민 생활을 하고 있다.

한편으로 A집사님과 D집사님은 열심히 신앙생활하는데도 월세를 내면서 힘겹게 살고 있어 안쓰러운 마음이 들었다. A집사님은 10여 년 전부터 우리 교회에 출석했다. 새벽기도회도 착실히 나오고 교회 일에 누구보다 열심히 나서서 봉사했다. 그런데 신앙생활 하지 않는 남편이 안정된 직업을 갖지 못해 생활이 어려웠다. A집사님 남편에게 우리 교회 축구팀 코치를 맡겼더니 교회에 오긴 했지만 믿음은 없는 상태였다.

A집사님 부부는 중보기도란에 '비즈니스를 달라'는 요청을 올렸지만 좀처럼 응답되지 않았다. 어느 날 A집사님이 기도 제목을 내려 달라고 했다. 왜 그러냐고 묻자 "매년 기도해도 이뤄지지 않아 창피해요"라고 했다.

A집사님이 여선교회 회장을 맡아 열심히 교회 일을 하는 데다 남편도 믿음 생활을 착실히 하기 시작했지만 형편이 나아지지 않으니 더욱 안타까웠다. 이민 초창기에 월세 마련으로 힘들었던 우리 부부가 그 사정을 누구보다 더 잘 알았다.

특단의 조치가 필요했다. 아내와 함께 A집사님 댁을 방문해 예배드린 후 자세한 사정을 들었다. 매달 월세와 생활비를 마련하느라 부부가 많이 지친 상태였다. 그보다 나아질 기미가 보이지 않는다는 게 더 답답하다고 했다. 아내가 발 벗고 나서서 일자리를 알아봐 주었고, 사업체를 권리금 없이 운영할 수 있게 주선해 사정이 좀 나아졌다.

무엇보다도 집 마련이 시급했다. 기도하면서 코로나19 팬데믹 직전에 극적으로 집을 구입했다. 그런데 얼마 안 가 집값이 많이 올랐다. 만약 그때 사지 않았으면 아마도 집을 마련하기 어려웠을 것이다.

A집사님은 요즘 샌드위치 가게로 업종을 바꿔 사업을 잘 운영하고 있다. 불과 몇 년 사이에 집과 사업체 둘 다 생겨 A집사님 부부의 기도 제목이 이루어졌다. A집사님은 '비즈니스를 달라'는 기도 제목을 지우려고 했는데 응답되어서 너무 기쁘고 지금도 믿어지지 않는다고 간증한다.

A집사님 부부는 매일 새벽기도를 드린 후 샌드위치 가게로 출근한다. 새벽에 적어도 한 시간 이상 일찍 일어나야 하는데 하루도 빠지지 않는다. 하나님이 이들의 헌신을 보시고 사업체와 가정에 복을 많이 주셔서 행복하게 살아가고 있다.

금식기도로 자라는 믿음

D집사님 부부는 교회에서 중직을 맡아 헌신적으로 일하는 분들이다. 부인 집사님은 17년 동안이나 교회 내에 스물한 개의 화장실을 청소했다. 몇 분씩 조를 짜서 매주 화장실 청소를 총괄하는 신실한 모습을 하나님이 기뻐하실 거라고 생각했다.

남편 집사님이 리모델링 일을 하는데 정작 자신은 집이 없어서 늘 남의 집 고치는 일만 했다. 한국 돈으로 월세가 300만 원 가까이 나가니 열심히 일해 봐야 저축할 돈이 없었다.

어느 날 새벽 D집사님 부부를 위해 기도하는데, 나도 모르게 "2021년 안에 집을 사게 해주세요"라는 말이 나왔다. 얼마 후 허름한 집이 매물로 나왔고, D집사님은 여러 성도의 도움으로 그 집을 구입했다. 리모델링 실력을 발휘하여 남편 집사님이 직접 내부를 수리해 아주 멋진 주택이 되었다. 사람 좋은 D집사님 부부의 집은 지금은 온 성도들의 사랑방이 되었다.

너무도 열심히 헌신하는 교회 중직자 가운데 무주택자였던 A집사님과 D집사님이 3년 사이에 집을 마련하고 비즈니스까지 마련하는 걸 보고 하나님께 감사드렸다. 두 집사님의 모습을 보고 성도들이 더 큰 은혜를 받았다.

요즘은 성도들이 나에게 먼저 말한다.

"크게 쓰임받는 믿음의 일꾼 돼라, 하나님 나라 확장하려면 물질이 있어야 한다는 말씀에 도전받고 기도하는 가운데 많은 일이 일어나니 살아 계신 하나님이 더 실감나요. 금식기도하고 새벽기도하는 성도들이 응답받는 체험을 통해 믿음의 진보가 이뤄지고 있어요. 기도 안 하고 이뤄지면 운인데 기도해서 이뤄지면 응답인 걸 실감하겠어요."

그런 얘기를 들으면 내가 더 힘이 난다.

성도들에게 문제가 있거나 목표가 있어서 금식기도 할 때 아내도 성도들과 함께 기도한다. "자식이 굶어 가면서 기도하면 아버지 하나님이 들어주신다"며 성도들과 열심히 기도하는 가운데 많은 응답이 있었다. 금식기도를 많이 한 아내는 위가 상해 고생을 많이 했다. 지금도 1년에 한 번씩 정밀검진을 받는다. 아내의 위가 약하다는 걸 아는 성도들은 기도 부탁을 한 뒤 응답이 되면 바로 전화해서 "사모님 금식기도 푸세요. 우리 응답받았어요"라고 말한다. 아내는 7년간 매달 3일씩 문제 있는 가정을 위해 금식하며 기도했다. 성지순례 다녀오는 달에 금식을 못 하면 그다음 달에 3일씩 두 번 금식했다. 금식기도 후에 반드시 응답의 체험을 하니 더 열심히 하게 된다.

교회에 딱한 분이 있으면 아내가 여기저기 연락해 길을 만든다. 얼마 전에도 우리 교회 온 지 얼마 안 된 분이 딱한 형편에 처했다는 소식을 들었다. 직장이 없어 힘들어하는 걸 알고 아내가 적당한 쪽과 연결했다. 믿음과 성실성을 보고 추천하는 것이다. 회사가 맞을지, 델리에 맞을지, 카센터에 맞을지, 편의점에 맞을지, 아내는 직관적으로 파악하는 달란트가 있다. 그래서 마침 사람이 필요한 성도가 있으면 연결해 주곤 한다.

나는 설교하면서 교회의 큰 문제를 해결하고, 아내는 살갑게 성도들과 대화하면서 연결하는 일을 맡고 있다. 아내에게 그런 달란트를 주신 하나님께 감사드린다.

●● 성령의 음성을 무시하지 말라

"나한테는 왜 성령님이 아무 말씀도 안 하실까요?"

우리 부부가 성령의 음성을 들었다고 간증하면 이런 질문을 하는 분들이 있다. 특히 모태신앙인들 중에 성령의 소리를 못 듣는다며 고민하는 분들이 많다.

성경에 "성령으로 아니하고는 누구든지 예수를 주시라 할 수 없느니라"(고전 12:3)라고 했다. 예수를 진정으로 믿으면 성령이 우리 속에 내주하신다. 성령은 삼위의 하나님으로 인격체이시다. 인격체란 '서로 간에 감정이 오가고, 대화가 있다'는 뜻이다. 우리가 기도하면서 묵상하는 가운데 내 안에 내가 아닌 다른 분이 이야기하는 것을 느낄 때가 있다. 처음에는 자신이 스스로 묻고 대답하는 것 같은데 어느 순간 나로서는 떠올릴 수 없는 생각이 나면서 말씀이 들리기 시작한다. 바로 성령께서 말씀하시는 것이다.

때로는 스쳐 지나가는 것 같지만 가만히 생각해 보면 성령께서 하시는 말씀이라는 사실이 깨달아진다. 헌금이나 헌신을 해야 할 때 대개 처음 스치는 것이 성령께서 주시는 생각이다. 그때 그 생각을 거절하면 성령의 음성이 들리지 않는다. 성령님은 인격을 가지고 계시기에 거절당하시면 상처 아닌 상처를 입으신다. 우리가 어떤 사람에게 거절 당하면 그 사람과 대화하기 싫어지는 것과 똑같은 논리이다.

하나님 뜻에 맞추느냐, 자신의 뜻대로 하느냐, 이걸 잘 구분해야 한다. 성령의 음성을 들었다고는 하는데 그대로 안 되는 사람들은 헛들었거나, 착각했거나 둘 중의 하나다. 경험한 분들이 많겠지만 성령은 부드럽고 조용하게 말씀하실 때도 있지만 큰소리로 말씀하시기도 한다. 꿈속에서 엉덩이를 차면서 정신 차리라고 하실 때도 있다.

아내는 성령의 음성에 민감해 놓치지 않는다. 그러니 항상 성령과 동행하는 것이다. 지난 40년 동안 아내가 성령의 음성을 들은 뒤 그대로 되지 않은 적이 없다. 조심성이 많은 아내는 몇 번에 걸쳐 확인한 후 확신이 들면 움직이기 때문에 실수한 적이 없다.

아내는 약속하면 반드시 지키고, 불의를 보면 참지 못한다. 차 타고 가다가 누가 쓰레기를 던지면 차 번호를 적고, 길에서 강아지 오물을 처리하지 않는 사람에게 "피키럽!"(Pick it up, 가지고 가라)이라고 딱 부러지게 말한다. 성도들이 상담을 요청하면 아내는 빙빙 돌리지 않고 직설적으로 말한다. 속이 뜨끔할 정도지만, 틀린 말이 아니었다는 것을 깨닫고 나면 나중에는 아내를 신뢰하게 된다.

아내는 하나님 음성이라고 확인되면 1초도 망설이지 않고 바로 실천한다. 하나님이 이런 아내의 성격을 지켜보시고 음성을 들려주시는 게 아닐까 생각한다. '왜 하나님은 내게는 음성을 들려주지 않으실까, 왜 내 기도는 안 들어주실까?' 같은 생각이 든다면 먼저 자신을 돌아보자. 하나님은 언제나 우리에게 말씀하신다. 예수를 구주로 고백하면 성령께서 우리 안에 거하신다. 성령께서는 우리와 대화 나누길 원하신다. 우리가 듣지 못할 뿐이다.

스쳐 가는 생각이라도 절대로 소홀히 하면 안 된다. 내 생각이 아닌 것 같다면 집중해야 한다. 한두 번 집중하다 보면 성령께서 하시는 음성을 들을 수 있다. 그러나 소홀하게 생각하고 무심히 넘기면 더 이상 말씀하시지 않는다. 그리고 성경 말씀이나 약속을 쉽게 어기면 죄책감으로 인해 하나님과 멀어지면서 음성을 들을 수 없다.

성령의 음성이 들리면 그대로 실천하는 게 대단히 중요하다. 하나님이 마음을 주시는 데도 피곤하다고 자 버리면 그다음부터 음성이 들리지 않는다. 주님이 지적하시는 걸 지키면 또 음성을 들려주신다. 그러니 하나님이 응답하지 않으시고 음성을 들려주시지 않는다고 낙담하기 전에 먼저 자신을 점검해 보자.

●● 두 렙돈을 기뻐하시는 주님

성도들 가운데 많은 액수의 헌금을 하는 분도 있지만 가난한 과부의 두 렙돈처럼 가진 걸 전부 가져와 눈시울을 붉힌 일도 있다. 3년 전 H권사님이 토요일에 찾아왔다. 굉장히 기쁘고 행복한 표정으로 "헌금하고 싶은데 혹시 마음이 바뀔까 봐 달려왔어요"라고 했다. 교회 나온 지 얼마 되지 않은 데다 조용한 성품에 특별히 눈에 띄지 않던 분이었다. 3만 달러를 들고 왔는데 집사님의 전 재산이라는 말에 마음이 뭉클했다.

당시 72세였던 집사님은 사별하고 혼자 살고 있었다. 이화여대를 나온 엘리트로 남편과 함께 중동에서 사업을 크게 해 굉장히 부유하게 살던 분이다. 59세 때 남편이 세상을 떠나는 바람에 미국에서 공부하던 자녀 곁으로 왔다.

교회를 습관처럼 다니다가 아는 분 소개로 2015년부터 우리 교회에 출석했는데 첫날부터 눈물이 줄줄 흘렸다고 한다. 그날로부터 빠짐없이 예배에 참석했지만 그림자처럼 조용히 교회를 오갔다.

적금 타는 날, 갑자기 헌금하고 싶은 마음이 뜨겁게 들었다고 한다. 그 돈을 모은 경위를 들으니 눈물이 핑 돌았다.

"늘 부유하게 살았기 때문에 생활이 어려워진 후 참 힘들었어요. 정부 보조받은 것과 딸이 주는 용돈, 베이비시터 하면서 받은 돈을 아껴서 노후 자금으로 쓰려고 5년 동안 적금 들어 모은 돈이에요. 제가 언제 이런 헌금을 할 수 있겠어요. 너무 기뻐요."

노후는 아랑곳하지 않고 전 재산을 들고 와서 기쁨에 겨워하는 모습에 또 감동이 일었다.

"넉넉한 형편에 사치하고 살 때보다 하나님 안에서 검소하게 사는 게 훨씬 기뻐요. 지금 제 마음이 부자여서 부러운 게 없어요.

딸도 제가 헌금하는 걸 응원해 주어서 더 기뻐요.”

아내는 그분이 미국 생활하며 외롭지 않게 자주 교제하고 있다.

K집사님은 50대 초반으로 혼자 사는 여성이었다. 남의 집 지하실을 빌려 월세 500달러를 내며 어렵게 살았다. 10년 전, 건축헌금 작정을 하는데 1만 달러를 하고 싶다는 마음이 강하게 들었다고 한다. 힘든 형편을 잘 아는 목장 식구들이 K집사님이 1만 달러를 작정하자 다 놀랐다고 한다.

생활이 어려운 걸 아니 주변 사람들이 더 걱정했다. K집사님은 굴하지 않고 열심히 일한 돈으로 100달러씩 헌금해 9,000달러까지 채웠다. 그런데 마지막 1,000달러를 만들기가 힘들었다. 작정 기간이 한 달밖에 남지 않아 K집사님이 고민하며 기도하는데 마음 속에서 “너 금붙이 있잖아”라는 소리가 들렸다고 한다.

갖고 있던 반지와 목걸이를 몽땅 파니 900달러가 마련됐다. 100달러를 보태서 마지막 1,000달러를 헌금했다. 작정헌금을 다 내고 날아갈 것 같다며 기뻐하는 K집사님의 얼굴이 환하게 빛났다. 아내가 기도 제목이 뭐냐고 묻자 “제가 재혼을 할 수 있다면 재력 있는 분 만나 교회 일만 하고 싶어요”라고 했다. 그 제목을 받아서 아내와 함께 열심히 기도했다.

얼마 안 가서 애틀란타주 조지아에서 중매가 들어왔다. 사업하는 장로님으로 넉넉한 형편에 믿음 좋은 분이었다. 만난 지 얼마 안 되어 결혼한 두 분은 너무도 행복하게 살고 있다. K집사님은 늘 그립다며 요즘도 가끔 우리 교회를 방문한다. 그전보다는 확실이 얼굴이 환해졌다.

은혜를 경험하면 하나님께 자꾸 드리고 싶어진다. 우리 같은 자를 구원해 주시고 사랑해 주신 하나님의 크신 은혜를 어찌 다 갚을 수 있겠는가? 죽어도 다 갚을 수 없을 것이다. 은혜가 충만하면 하나님께 드려도 드려도 더 드리고 싶어진다. 은혜가 떨어진 증거는 하나님께 인색해지는 것이다.

H권사님과 K집사님을 떠올릴 때마다 두 렙돈의 헌금을 귀하다 하신 예수님 말씀이 생각나 마음이 흐뭇해진다.

●● 우리의 헌신을 기억하시는 하나님

박연화 권사님은 미국에 온 지 15년이 지났지만 영주권을 받지 못해 안정적인 직장을 구하지 못했다. 세탁소에서 일했는데, 6일 동안 근무하고 주일 하루를 쉬었다. 그럼에도 박 권사님은 신앙생활을 소홀히 하지 않았고, 교회 성찬 떡 만드는 봉사를 수년간 해 왔다. 우리 교회는 매달 첫 주에 만찬을 나누었다. 권사님은 주의 만찬을 준비하기 위해 일주일에 하루 쉬는 주일 새벽에 일어나 정성껏 성찬을 준비해 오곤 했다.

그런데 어느 날 갑자기 이분이 식물인간 상태로 병원에 입원하고 말았다. 예전부터 혈압이 높았는데, 뇌에 핏줄이 터져 뇌출혈이 온 것이다. 권사님은 영주권도 없는 서류미비자인 데다가 의료보험도 없었기 때문에 사회복지 혜택도 받을 수 없었다. 병원에서는 더 이상 생존 가능성이 없다며 집으로 옮기라고 통보했다. 미국에 권사님의 언니 가족이 있고 결혼한 딸도 있었지만 감당할 수 있는 처지가 못 되었다. 감당할 사람이 없다고 하니 병원에서는 가족들에게 장기이식 동의서를 내밀었다. 그걸 들고 어떻게 해야 할지 몰라 가족들이 내게 연락해 왔다.

장기이식 동의서에 사인하라는 말은 마지막 때라는 말이다. 아내와 함께 병원에 가 보니 가족들은 다른 방법이 없다면서 포기하고 있었다. 마지막 심방 예배를 드린 후 병실을 나오는데, 아내가 갑자기 성령께서 금식기도를 하라고 하시니 다 같이 금식기도를 하고 일주일 후 결정하자고 했다. 그래서 병원에 장기이식을 일주일만 연기하고 전교인에게 릴레이 금식기도를 공표했다.

"사랑하는 성도 여러분, 그동안 어려운 가운데서도 헌신해 오신 박연화 권사님을 사랑한다면 그 마음을 금식에 동참하는 것으로 보여 주시기 바랍니다."

정말 많은 분이 일주일 릴레이 금식에 동참했다. 우리는 모두 박 권사님을 위한 간절한 마음으로 기도했다.

그렇게 일주일째 되던 날 기적이 일어났다. 권사님의 의식이 돌아온 것이다. 병원에서는 정말 기적이라고 했다. 그러나 완치되기까지는 시간이 걸려 아들이 있는 한국으로 보내기로 했다. 감사하게도 미국 정부에서 비행기 뒷좌석을 열 석 이상이나 떼 내무상으로 병원 침대와 간호사까지 대동해서 한국으로 보내도록 했다.

그 후로 박 권사님은 치료를 잘 받고 지금은 건강해져 매일 나에게 휴대전화 메시지로 한국 소식과 은혜받은 일들을 알려 주신다. 나는 이 일을 통해, 하나님은 어려운 가운데 우리가 행한 헌신을 기억하신다는 사실을 깨달았다. 영주권도 없이 미국생활을 하며 시간을 쪼개 해 왔던 박 권사님의 헌신을 보시고 하나님은 아내에게 금식하라 하셨고, 온 교인의 사랑이 담긴 간절한 금식 기도로 그의 생명을 살려 주신 것이다.

우리 교인들은 모두 이 사건을 알고 있다. 하나님이 과부의 두 렙돈을 귀하게 여기신 것처럼, 박 권사님이 어려운 환경 가운데서도 주의 일을 늘 기쁨으로 했기에 놀라운 기적을 베푸신 것이다.

chapter 11

우리가 할 일은
평가가 아니라 동역입니다

●● 때로는 오지에서, 때로는 도시에서

18년 전, 우리 교회가 처음으로 단기선교를 떠난 곳은 남미 볼리비아였다. 그곳에서 우리 교회 파송선교사인 황보민 선교사가 인디언 아요레족에게 복음을 전하고 있었다. 황보 선교사는 볼리비아의 오지선교회(NTM)을 통해 아요레 인디언 마을에 갔다. 갈 때는 총각 선교사였는데 영국 선교사 재키와 결혼하여 20여 년을 아요레 인디언 마을에 살고 있다.

인디언 마을에 사는 사람은 200여 명에 불과하다. 전기도 안 들어오고 수도 시설도 없어 단기선교를 간 성도들이 엄청나게 고생했다. 한 바가지 정도 되는 물로 여러 사람이 세수를 해야했다. 몇 사람이 세수하고 나면 물이 새카매졌다. 샤워는 당연히 못 하고 양치질도 하기 힘들 정도였다. 며칠 동안 그야말로 죽을 고생을 했다.

그곳에 있다가 세 시간 반 걸리는 산타크루즈라는 큰 도시에 가니 휘황찬란했다. 시내에서 한국 선교사들이 활동하고 있었다. 그 가운데 학교를 운영하는 선교사님 댁에 초대받아 방문했다. 경비원들이 지키는 게이트를 통과해서 들어가는 고급주택이었다. 화려한 거실과 큼직큼직한 방이 여러 개 있었다. 인디언 마을 개는 못 먹어서 빼빼 말랐는데 그 집의 골든리트리버는 살이 통통하게 쪘다.

그 댁 선교사님이 우리 일행에게 건넨 첫마디는 "죄송합니다"였다. 인디언 마을에 사는 선교사님을 보고 너무 풍요롭게 살아서 죄송하다는 뜻이었다. 그 말에 내가 그랬다.

"뭐가 죄송해요. 무슨 문제 있어요? 치안이 안 좋아서 안전한 데 사는 거 아닙니까?"

내 말에 선교사님이 눈물을 글썽였다.

"그렇게 말씀해 주셔서 감사합니다. 한국에서 저를 파송한 교회 목사님과 장로님이 우리 집에 오신 적이 있습니다. 죽 둘러보고 가시더니 선교비 지원을 끊어 버렸습니다."

선교사님은 인디언 마을에서 선교하는 황보 선교사가 진짜 선교사라며, 자신은 선교사도 아니라고 자책했다. 그 자리에서 내가 정색하고 말했다.

"정말 그렇게 생각한다면 선교하면 안 됩니다. 선교사는 하나님과의 관계 속에서 헌신하는 게 중요합니다. 선교사님은 학교를 운영하며 예수를 전하고 있습니다. 그 학생들 가운데 볼리비아 대통령과 국무총리, 국회의원 같은 리더가 배출될 수 있어요. 학생들을 믿음으로 키우면 볼리비아 전체를 바꿀 수 있어요. 왜 그걸 생각하지 않고 선교사도 아니라는 얘기를 하는 겁니까? 다 오지로만 들어가서 선교하면 이 학생들은 누가 가르칩니까? 나는 선교사도 아니라는 생각을 하면 학생들을 어떻게 키울 수 있습니까?"

후원자들은 '선교사는 잘살면 안 된다'는 생각을 버려야 한다. 선교지에 나가는 것 자체만 해도 얼마나 귀한가. 그 선교사가 잘살고 못 살고는 문제가 되지 않는다. 하나님 앞에서 정직하면 된다. 재정을 하나님 뜻 가운데 쓰지 않고 자기 배를 불렸다면 도둑이지만 그게 아닌 이상 안전한 동네의 좀 큰 집에 사는 게 뭐가 이상한가. 선교사가 학생들을 기독교 정신으로 잘 키워 볼리비아가 변화되도록 응원하는 게 우리의 할 일이다.

내가 처음 예수 믿을 때 일이다. 담임목사님이 밑창이 다 떨어진 신발을 신고 우리 집에 심방을 왔다. 당시 우리도 살림이 어려울 때였다. 목사님께 새 신발이 없냐고 물었더니 자동차에 있다고 했다. 사람들이 새 신을 신으면 이상하게 생각해서 차 안에 벗어 두고 심방하는 집에 헌 신을 신고 들어간다는 것이었다. 주의 종은 이중적이면 안 된다는 생각에 그 목사님의 행동이 좀 실망스러웠다.

하나님이 보고 계신다. 하나님 앞에서 우리가 완전할 수는 없지만 소명 받았다면 작은 일에도 거짓이 있어서는 안 된다. 그와 함께 '선교사는 이러면 안 된다'는 식의 자기 기준을 갖고 재단해서도 안 될 것이다. 선교사님을 평가하기보다, 열심히 동역하는 것이 우리가 할 일이다.

●● 선교사님을 주님 보듯 바라보자

시시때때로 전 교인이 복창하는 말이 있다. "선교사님을 주님 보듯 바라보자"는 것이다. 나는 선교사를 존중하는 문화가 교회 내에 뿌리박히도록 늘 노력하고 있다.

교회는 좋은 선교사를 만나고, 선교사는 좋은 교회를 만나야 한다. 좋은 교회란 기도해 주는 교회를 말한다. 우리 교회는 월요일 새벽기도회 때 전 세계 선교사와 우리 교회 파송선교사, 협력선교사와 열두 개 협력단체를 위해 기도한다.

우리는 철저히 '하나님의 선교'를 추구한다. 일단 파송된 분들은 하나님처럼 정성껏 대한다. 그래서 한번 지원을 시작하면 끝까지 간다. 선교사들이 안식년을 지낼 때도 우리는 선교비를 전액 지불한다. "쉬는 선교사님에게 선교비를 보낼 필요가 있나" 하는 말들도 있었지만, 안식년에 제대로 쉬어야 힘을 내서 다시 열심히 달릴 수 있다.

"그 나라에 가서 사는 것 자체가 선교입니다. 그 나라 사람 한 명만 제대로 바뀌면 그 한 명이 민족과 나라를 변화시킵니다. 한 명만 결신해도 결실이니까 열매에 대해 따지지 말기 바랍니다."

많은 교회에서 파송하고 몇 년 지나지 않아 통보도 없이 지원을 끊는다고 한다. 그런 말을 들을수록 우리는 끝까지 지원해야겠다는 각오를 다진다. 우리가 의뢰하여 선교사를 연결해 준 단체에서 그쪽 방식대로 점검한 뒤 선교사를 해임하는 경우도 생긴다. 선교지를 이탈했거나 선교 활동이 부실하면 본부에서 암행 적발하는 일이 종종 있다. 그럴 때 탈락된 선교사에게는 자동적으로 지원을 끊어지는 것이다. 협력선교사들 가운데 선교 보고를 하지 않거나 연락이 안 되는 분도 있다. 목장에서 '이러이러한 분들은 지원 대상에서 제외시키자'는 말이 나올 수밖에 없다. 그럴 때마다 나는 기다리자고 말한다.

"여러분, 그 선교사님도 검증된 선교단체에서 파송했고 우리 교회가 협력선교사로 허입했을 때 충분한 검토를 거쳤습니다. 특정 선교사가 마음에 들지 않는다고 세상 방식으로 '자르면' 안 됩니다. 그러면 여러분이 주인 되는 것입니다. 주인이 누구입니까? 여러분이 하나님입니까?"

지적할 때는 단호해야 한다. 이런 일들을 겪으면서 점차 교회 내에 선교 문화 질서가 잡혔다.

한국 선교사의 숫자가 많아지면서 기준에 미달하는 분들이 생겨나고 있다. 목회가 잘되지 않아 선교사로 나가거나 호구지책으로 선교지에 머무는 경우도 있다. 그렇더라도 선교라는 대명제를 생각해야 한다. 문제 있는 선교사에 초점을 맞추면 벼룩 잡으려다 초가삼간을 태울 수 있다. 하나님의 꿈인 선교에 참여한다면 가급적 문제는 덮고, 약한 부분보다 강점을 바라봐야 한다.

문제를 직시하고 바로 잡는 것, 옥석을 구분하는 것은 반드시 필요하다. 그러나 어떤 경우에도 선교 자체가 죽어서는 안 된다. 잘 아는 신학교 교수님이 "교회는 시루떡처럼 성장한다"고 했는데 맞는 말이다. 흔들리고 걸러지면서 다져지는 것이다.

●● 나를 쏜 사람이 누굽니까

볼리비아의 황보 선교사를 만나러 갈 때 여정이 순탄치 않았다. 인디언 아요레족이 거주하는 곳에 가려면 산타크루즈에서 자동차로 세 시간 반을 달려 밀림으로 들어가야 한다.

공항에서 우리를 맞아 준 황보 선교사가 선교지에 갈 수 없다고 말했다. 지역 유지들이 나라의 정책에 반대해 자동차가 다니는 국도를 불도저로 막아 놓았다는 것이다. 볼리비아 공권력이 약해 종종 그런 일이 일어난다고 했다. 정부와 타협이 되면 다시 길을 열어 준다지만 우리가 도착했을 때는 모든 교통이 마비된 상태였다.

타협하는 데 며칠, 혹은 몇 주가 걸릴 수 있다고 하여 황보 선교사가 소속된 오지선교회 선교센터로 가서 기다리기로 했다. 그다음 날이 주일이었는데 선교회 책임자인 스티브 파커(Steve Parker) 선교사가 설교했다. 스티브 선교사는 설교 도중에 상의를 벗어 상체를 보여 주었다. 등에 큰 나이테 같은 것이 있었고 앞가슴에는 작은 나이테가 있었다. 두 개의 나이테가 생긴 사연을 들으며 하염없이 눈물 흘렸다.

볼리비아 인디언 가운데 유끼족은 굉장히 호전적이라고 한다. 스티브 선교사는 밀림으로 유끼족을 찾아가 서로 왕래하는 친구가 되었다. 하지만 유끼족은 복음을 받아들이지 않았다. 어느 날 유끼족이 스티브 선교사에게 사냥을 가자고 제안했다. 선교팀의 선교사 몇 분과 같이 갔는데 기다리고 있던 유끼족이 선교사들에게 앞장서라고 했다. 그때 기분이 이상했다고 한다. 유끼족이 전쟁에서 사람을 죽이거나 큰 짐승을 잡을 때 사용하는 화살을 메고 있었기 때문이다.

스티브 선교사는 앞서서 걸으며 "하나님 제 등을 보호해 주시옵소서"라고 간절히 기도했다. 순간 불에 덴 것같이 화끈함을 느낀 스티브 선교사가 앞으로 고꾸라졌다. 유끼족이 뒤에서 화살을 쏜 것이다. 다른 선교사들은 놀라서 밀림으로 도망쳤고 스티브 선교사만 쓰러져 있을 때 그들이 더 이상 공격하지 않고 돌아갔다. 스티브 선교사는 쓰러져 죽어 가면서 하나님을 많이 원망했다고 한다.

"하나님 제가 그렇게 등을 지켜 달라고 했는데 어떻게 이럴 수가 있습니까?"

너무나도 혼란스러운 상황에서 정신이 점점 혼미해졌다. 도망쳤던 선교사들이 달려왔지만 약품이 멀리 떨어진 캠프에 있으니 어찌할 도리가 없었다. 한 선교사가 도움을 청하기 위해 산을 내려갔고, 화살에 맞은 지 사흘이 지나서야 헬리콥터가 왔다.

다들 죽는다고 했지만 스티브 선교사는 6개월 만에 일어났다. 화살에 맞은 상처가 등 뒤와 가슴에 나이테 모양으로 남은 것이다. 가슴 쪽의 나이테는 화살촉이 허파를 관통해 살을 뚫고 나오면서 생겼다. 스티브 선교사는 병원에 입원해 있는 동안에도 하나님이 이해되지 않았다. '위험을 느껴 기도했는데 왜 이 지경이 되었을까? 왜 하나님이 막아 주시지 않았을까?'라는 궁금증이 떠나지 않았기 때문이다.

재활까지 다 마친 후 스티브 선교사는 다시 유끼족을 찾아갔다. 그러자 그곳 사람들이 "당신, 죽지 않았습니까?"라며 놀라더니 자초지종을 털어놓았다. 그즈음 유끼족 중에 한 사람이 죽었다고 한다. 그 사람이 저승에 갈 때 외롭지 않게 동행을 만들어 주기 위해 선교사를 표적으로 삼았다는 것이었다.

스티브 선교사가 "나를 쏜 사람이 누굽니까?" 하고 묻자 한 사람이 고개를 푹 숙였다. 스티브 선교사가 그에게 다가가 "형제여, 나는 당신을 예수님의 사랑으로 사랑합니다"라고 말하며 안아 주었다. 그러자 그 인디언이 "어떻게 나한테 이럴 수 있습니까?"라며 놀라워했다.

그 자리에서 스티브 선교사가 예수님의 사랑을 전하며 "하나님이 당신을 사랑하기에 나는 목숨을 걸고 이곳에 왔습니다"라고 말하자 그 사람이 복음을 받아들였다고 한다.

"나를 쏜 사람이 예수를 믿자 유끼족에게 복음이 들어갔고, 그 부족이 모두 예수를 믿게 되었습니다. 내가 화살을 맞았을 때 하나님을 이해하지 못했습니다. 결국 그 일을 통해 유끼족 전체에게 그렇게도 전하고 싶었던 복음이 들어갔습니다. 그 일에 내가 쓰임받은 것이 너무도 감격스럽습니다."

스티브 선교사의 간증에 우리 일행이 얼마나 울었는지 모른다. 지역 유지들의 데모로 인해 열흘의 선교 일정 가운데 사흘을 산타크루즈에 묶여 있었지만, 그 어떤 선교 여행보다 더 큰 하나님의 은혜를 체험한 시간이었다. 18년이 지났는데도 하나님의 역사하심과 그날의 감동이 생생하게 느껴진다.

그 간증을 들을 때 어떤 경우에도 감사해야 한다는 것을 깨달았다. 지금 당장 불리하고 손해 보는 것 같아도 하나님은 모든 것을 합력하여 선을 이루시는 분이다. 그리스도인의 3대 생활 강령인 "항상 기뻐하라 쉬지 말고 기도하라 범사에 감사하라 이것이 그리스도 예수 안에서 너희를 향하신 하나님의 뜻이니라"(살전 5:16-18)는 말씀을 늘 가슴에 품고 살아야 한다.

좋으신 하나님을 믿고 무슨 일을 당하더라도 감사하자. 잠시 불리해졌다고 입으로 죄지으면 안 된다. 우리가 믿음의 길을 가는 이상 하나님이 우리를 반드시 지켜 주신다. 예수 믿는 일이 얼마나 큰 축복인가. 말로 표현할 수 없는 우리 인생 최대의 '대박'이 아닐 수 없다.

●● 선교는 구제와 복음이 함께 들어가야

이상훈 선교사님을 처음 만난 건 아프리카 우간다에서다. 당시 나는 우리 교회에서 상당한 금액을 들여 후원했던 쿠

미대학의 졸업식에 방문했다. 이 선교사님은 미국 기아대책 우간다 디렉터라고 자신을 소개했다. 르완다에서 난민 사역을 하다가 왔다고 했다.

그런데 몇 년 후에 이분을 한국에서 다시 만났다. 이 선교사님은 모든 직책을 내려놓았다고 했다. 그는 상당히 탈진한 상태였다.

"목사님, 제 선교는 실패입니다. 15년 동안 우간다에 엄청난 물질을 퍼줬지만 변화가 없었습니다. 열매가 없어서 그런지 탈진했습니다."

그렇게 말하는 선교사님께 이런 말씀을 드렸다.

"퍼주기만 하면 더 달라고 하지 절대 안 바뀝니다. 생명의 말씀과 함께 도움을 줘야 합니다. 복음이 들어가지 않는 구제는 불우이웃 돕기로 끝납니다."

나는 이 선교사님에게 신학 공부를 다시 하는 것이 어떻겠느냐고 제안했다. 그리고 우리 교회에서 파송해 줄 테니 다시 선교해 보자고 했다. 이 선교사님은 이미 연세대와 컬럼비아대학원을 졸업한 수재였지만, 내 제안을 받아들여 주었다. 그리고 학업을 마쳤을 즈음 우리 교회는 이 선교사님을 르완다로 파송했다. 선교사님은 그곳 난민촌에서 사모님을 만나 결혼도 했다. 르완다를 선교의 첫사랑 지역이자 마지막 사역지라고 말했다.

이 선교사님은 르완다에서 사역을 크게 확장시키고 대학에서 인재들을 길러 냈다. 르완다의 의료 시설이 열악해 늘 가슴 아파했는데, 후배 의사 부부가 단기선교 왔다가 그곳에 남기로 했다는 소식을 전해 왔다. 박준범 선교사 부부는 대구에서 소아과와 내과의사로 재직하며 사회적인 안정을 누리던 분들이다. 자녀도 아직 어렸는데, 힘든 곳에서 의료 선교를 결심해 주었다. 우리는 기쁜 마음으로 박 선교사 부부를 선교사로 파송했다. 현재 박 선교사 부부는 르완다에서 나누리공동체병원을 건립하고 병원 안에 학교도 설립했다. 병원을 지을 때 우리 교회에서 많은 선교헌금을 보냈다. 한 성도는 혼자서 12만 달러를 헌금하기도 했다.

우리 교회에서 선교사를 파송할 때 항상 당부하는 말이 있다.

"선교를 너무 잘하려고 하지 말고 한 사람에게 집중하기 바랍니다. 한 사람을 바로 믿게 하면 그 사람이 민족과 나라를 구원합니다."

그래서 우리 교회는 파송선교사들에게는 '몇 명 전도했나. 교회는 몇 개 개척했나'를 묻지 않는다. 양적인 부흥은 큰 의미가 없다. 많이 전도하는 것보다 '얼마나 변화되었고, 어떤 영향력을 끼치느냐'가 중요하다. 많은 교회를 개척하는 것도 중요하지만 실제로 예배드리며 왕성하게 활동하는 교회로 성장하는 것이 더 의미 있다. 실제로 해외에 개척한 많은 교회 중에 비어 있는 경우가 허다하다. 선교사님들이 선물을 가지고 들어갈 때만 사람들이 모이는 교회도 있다고 한다.

우리 교회는 파송한 선교사들을 세심하게 돌보기 위해 애쓴다. 교회를 짓는 것도 지원하지만 자동차 구입비를 비롯하여 병원비, 자녀 교육비까지 실제 필요한 부분을 지원한다. 성도들이 기도하고 물질로 동참하면서 함께 선교를 펼쳐 나가고 있다.

●● 하나님이 재정을 운영하시는 방법

우리 교회는 매년 예산이 남으면 10퍼센트만 다음 해
로 넘기고 나머지 금액은 모두 선교와 구제에 사용한다. 교회 건
물 구입비 50만 달러를 갚아야 하는 숙제 앞에서도 우리가 정한
규칙을 지켰다.

교회를 창립하고 3년이 지나 미국교회 구입비 50만 달러를 갚
아야 할 날이 두 달 정도 남은 시점이었다. 그해 회계 결산을 하
고 10퍼센트를 다음 해로 이월하자 10만 달러가 남았다. 그 무렵
선교사를 위해 기도하는데 우리 교회에서 처음으로 캄보디아에
공동 파송한 백신종 선교사님의 기도 편지가 생각났다. 태국에서
에이즈 환자들을 강제 추방해 캄보디아로 수만 명이 쫓겨 왔는데,
부모가 에이즈 환자였던 아이들은 검사 결과 음성인데도 고아원
에서 받아 주지 않는다는 내용이었다. 백 선교사님이 그 아이들
을 돌보기 위한 고아원을 만들고 싶다며 기도해 달라고 했다. 하
나님이 백 선교사님을 통해 우리 교회가 캄보디아의 고아들을 돌
보기 원하신다는 생각이 들었다.

그곳에 고아원을 짓는데 얼마 정도 드는지 물어보자 땅을 구입
하는 데 4만 달러, 건물을 짓는데 6만 달러가 든다는 답변이 왔다.
그해 남은 예산 10만 달러와 정확히 일치해 하나님의 뜻이라는 확

신이 들었다. 나는 실행위원회에 캄보디아 소식을 알리며 "올해는 캄보디아 고아원 짓는 일에 남은 재정을 보냅시다"라고 제안했다. 그러자 반대하는 소리가 있었다.

"목사님, 뜻은 좋지만 2개월 후에 미국교회에 50만 달러를 갚아야 하니 올해는 남은 재정을 일단 빚 갚는 데 사용합시다. 시급한 빚부터 해결해야 하지 않겠습니까?"

다른 실행위원들도 고개를 끄덕이며 동조했다. 나는 단호하게 말했다.

"안 됩니다. 매년 남은 예산을 선교와 구제에 쓰는 것은 하나님과의 약속입니다. 하나님이 지금까지 신실하게 우리 교회를 인도해 주셨는데, 우리도 하나님과의 약속은 반드시 지켜야지요. 아마 그 돈은 따로 준비되어 있을 겁니다."

우리 교회 성도들은 주님의 일에 순종하고, 목회자인 내 말을 전적으로 신뢰하며 잘 따라 주었다. 그러나 그때만큼은 시기가 시기였던지라 여러 사람이 캄보디아로 재정을 보내는 일에 많은 분이 반대했다.

"목사님의 마음은 잘 알겠습니다. 그러나 이번에는 목사님이 우리 결정을 따라 주면 좋겠습니다. 다른 일은 전적으로 목사님 말씀을 따르도록 하겠습니다."

그렇게까지 이야기하니 나도 이런저런 생각이 오갔다. 그런데 아무리 생각해도 마음이 불편했다. 문제의 포인트는 '누구의 말을 따를 것인가'가 아니라 '하나님과의 약속을 지킬 것인가'였다.

그렇다면 답은 하나뿐이었다.

"실행위원님들 뜻이 정 그렇다면 저도 어쩔 수 없지요. 그러나 만약 그렇게 하신다면 저는 목회할 수 없습니다. 만군의 주님이 시고 지금까지 우리를 인도해 주신 하나님과의 약속도 못 지키는데 제가 앞으로 어떻게 목회할 수 있겠습니까?"

나의 강력한 항의에 실행위원들은 우리 교회가 하나님 앞에서 마땅히 내려야 할 결정이 무엇인지 믿음으로 선택했다.

마침내 우리 재정이 캄보디아에 전달됐다. 이로써 캄보디아에 '쁘르다라(성광)고아원'이 설립됐다. 그후 김영익, 김영수 선교사님 가정과 장진기, 김은경 선교사님 가정이 협력해 마흔세 명의 캄보디아 어린이를 양육했으며 지금은 정종찬, 정성실 선교사님 부부가 사역하고 있다. 주님의 교회는 결코 인간적인 방법으로 운영하면 안 된다. 주님의 교회는 하나님을 향한 초월적 믿음을 지닌 사람들을 통해 주님이 직접 운영하신다. 우리는 도구일 뿐이다.

우리 교회는 자금이 필요할 때면 정확하게 4주간 헌금 광고를 한다. 기도하면서 하나님이 누구를 통해서든 필요한 만큼 보내 주실 것으로 믿고 기다린다. 미국교회에 돈을 갚아야 할 시점을 두 달 남기고 4주 동안 헌금 광고를 했다. 출석 교인 숫자가 300명이 채 안 될 때였다. 성도들의 형편을 잘 아는지라 50만 달러를 모으기가 쉽지 않을 것으로 생각했다. 헌금 광고를 두 번째 했을 때, 우리 교회에 출석한 지 얼마 안 되는 장로님이 내 방으로 찾아왔다.

"목사님, 한 달간 성전을 위해 50만 달러 작정 헌금을 하기로 하셨죠? 4주 후에 얼마가 나오든 부족한 부분은 제가 담당하겠습니다."

우리 교회에서 15년 동안 충성스럽게 헌신하다 얼마 전 소천하신 이희돈 장로님이 하신 말씀이다. 4주 후 성도들이 26만 달러, 이희돈 장로님이 나머지 24만 달러를 헌금해 50만 달러가 마련됐다.

하나님께 헌신하고, 신실하게 서원을 지키면 하나님이 모든 일을 담당해 주신다. 우리는 주님의 도구로 오직 하나님이 기뻐하시는 일만 하면 된다. 자신을 100퍼센트 믿는 진실한 사람을 만들기 위해 하나님은 수많은 장치를 사용하신다. 워싱턴성광교회가 폴스처치 지역의 현 교회 건물을 구입하면서 배운 것은 어떤 경우든 하나님이 우선되어야 한다는 점이다. 믿음의 삶은 간단하다. 그저 하나님이 기뻐하시는 일을 하면 된다.

우리는 50만 달러의 융자 금액을 하루도 어김없이 약속한 날짜에 미국교회에 건넸다. 이 일을 통해 성도들은 교회의 주인은 하나님이라는 사실을 다시 한번 깨달았다. 그때부터 어떤 일이든 브레이크가 걸린 적이 없다. "하나님이 하시는 걸 보며 기도합시다"하면 그대로 통과되었다.

●● 길에서 만난 영혼들

해외선교를 사명으로 삼은 교회의 목회자인 만큼 누구를 만나든 전도하기 위해 애쓴다. 내가 은혜받으면서 영혼 구원의 소중함을 절실히 깨달았다. 어떤 이유로 만나든, 어떤 자리에서든 반드시 복음을 전한다는 게 나의 '데일리 미션'이다.

한번은 단기선교팀을 이끌고 캄보디아에 가는데 비행시간만 20시간이나 됐다. 비행기가 한국을 경유하여 환승하는 노선이었는데 미국에서 한국까지 갈 때 내 옆자리에 필리핀 청년이 앉았다. 유복한 집안의 청년으로 미국 유학 중이라던 그는 잠깐 필리핀에 가는 길이라고 했다. 내가 복음을 전하자 그는 대대로 내려오는 천주교 집안에서 자랐다고 자신을 소개했다. 대화를 해보니 믿음도 없고 구원도 받지 못한 상태였다. 그에게 상세하게 복음을 전한 뒤 영접기도를 권했다. 기도를 마친 뒤 "당신은 이제 당신 집안의 선교사입니다. 하나님이 당신을 사랑하셔서 나와 만나게 하셨습니다. 그러니 이제부터 온 집안에 예수를 바로 알려 가족들에게 구원의 역사가 임하길 바랍니다"라고 축복하고 안수기도 해 주었다. 청년은 눈물을 흘리며 자신이 집안의 선교사라는 사실을 잊지 않겠다고 말했다.

한국에서 환승하여 캄보디아로 갈 때는 젊은 한국 여성과 함께 앉았다. 여행에 대해 이야기를 나누다가 넌지시 예수 믿느냐고 물었다. 그러자 갑자기 얼굴을 휙 돌려 창문을 바라보는 것이었다. 얼마나 민망했던지. 한 시간쯤 그렇게 앉아 있었는데, 어느새 여성은 잠이 들어 있었다. 추운지 몸을 움츠리기에 담요를 꺼내 조심스럽게 덮어 주었다.

나도 어느 틈엔가 잠이 들었다가 두 시간쯤 지나 일어나 보니 여성도 일어나 있었다. 눈이 마주쳤는데 표정이 아까와는 다르게 부드러워 보였다. 넌지시 눈인사를 하는 것이, 아마도 담요를 덮어 준 것에 대한 고마움의 표시였던 것 같다. 기회를 놓치지 않고 다시 말을 걸어 보았다. "아까는 예수 믿느냐고 물으니 왜 안색이 변했어요?"라고 묻자 자신의 속을 털어놓았다.

"저는 서울 대한항공에 근무하는데 항공사 직원은 혜택이 많아 여행을 자주 다녀요. 그동안 절에도 가 보고 교회도 가 보았는데, 교회만큼 돈으로 사람을 차별하는 곳은 없더군요."

사실 회계사무소를 운영할 때도 그런 얘기를 들은 적이 있다. 고객에게 예수 믿으라고 하면 "돈 많이 벌면 갈게요. 교회는 참 돈으로 사람 차별하는 곳인 것 같아요"라고 말하는 사람들이 있었다. 그런 얘기를 또 들으니 가슴이 아팠다. 그 여성에게 "교회는 절대 그런 곳이 아닙니다. 혹시 그런 곳이 있을지도 모르지만, 예수님은 절대 그렇게 가르치지 않았습니다"라고 말하며 내가 하나님 만난 이야기를 해주었다. 그러면서 "다시 한번 교회에 나가 하나님을 정확히 알아보세요. 당신 인생에 하나님 믿는 것보다 더 큰 복은 없을 겁니다"라고 간곡히 전했다. 그러자 그 여성이 "말씀을 들으니 신뢰가 가네요. 교회에 다시 한번 나가 보겠습니다"라고 약속했다. 그 여성에게 간절히 기도해 줄 때 캄보디아에 도착했다는 안내방송이 나왔다.

구원받고 난 후 한 번도 이유 없이 사람을 만난 적이 없다. 반드시 하나님의 뜻이 있어 만남이 이뤄졌다. 그랬기에 그날 비행기에서 만난 두 사람도 하나님이 불러 주셨을 것으로 믿는다.

브라질에 갔을 때 아마존강을 건너 인디언 마을에 간 일이 있다. 배에서 브라질 유명 해변 꼬빠카파네에 건물 수백 채를 소유하고 있다는 거부를 만났다. 그 노인이 유대인이라고 하길래 "하나님을 믿나요?"라고 질문했다. 그가 믿지 않는다고 하여 유대인인데 왜 하나님을 믿지 않느냐고 재차 질문했다. 그는 유대인 중에도 하나님을 안 믿는 사람이 많다고 했다. '인간이 어디서 왔다고 생각하느냐'부터 시작하여 계속 이야기를 나누었다. 그는 진화된 원숭이가 인간의 조상이며 죽으면 끝이라고 했다. 그래서 오래 살기 위해 좋은 것을 먹고 운동도 많이 한다고 했다. 안타까운 마음에 내가 만난 예수님을 진지하게 전했다. 그러자 그는 "들어 본 중에 내 마음을 가장 움직입니다"라며 뉴욕에 갈 때 다시 만났으면 좋겠다고 했다. 우리는 예수 믿고, 가진 재물을 하나님이 기뻐하시는 데 사용하는 복 있는 인생 되길 기도하고 헤어졌다.

이런 간증을 하고자 하면 끝이 없다. 이슬람교를 믿는 아랍인에게도 전도한 일도 있다. 누구를 만나든 하나님을 전하는 것을 나의 사명으로 여기고 있다.

chapter 12

다음 세대를
선교하세요

●● 미국교회를 반면교사 삼아

우리가 내셔널가든뱁티스트처치 건물을 매입한 지 4년
째 되는 해에 미국 교인 쪽에서 연락이 왔다. 더 이상 우리 교회
에서 예배드리지 않고 각자 주변 교회에 나가기로 했다는 것이었
다. 새신자가 오지 않는 상황에서 연로한 교인들이 점차 소천하
니 함께 모일 교인이 몇 명 없다고 했다.

그래서 예전에 내셔널가든뱁티스트처치에 다니다가 멀리 이
사 간 교인들에게 연락해서 마지막 예배를 드렸다. 미국 전역에
서 250여 명의 옛 교인이 모였다. 모두 연로한 분들이었다. 예배
를 마친 뒤 미국 할머니 교인이 나를 꼭 안아 주며 눈물을 흘렸다.

"주차장이 꽉 찬 걸 보니 눈물이 나네요. 옛날의 영광이 재현되
었어요."

그날 내셔널가든뱁티스트처치 2대 목사님이 참석했는데 나에
게 교회가 쇠락한 이유를 말해 주었다.

"한창 교회가 번성했을 때 젊은 사람들이 요구하는 게 많았어

요. 나이 많은 사람들이 그걸 들어주지 않은 거죠. 청년들의 음성에 귀 기울이지 않고 어른들의 결정대로 교회를 운영하자 젊은 사람들이 이 교회는 비전이 없다며 떠났어요. 결국 늙은 사람만 남게 되었지요. 이게 임 목사에게 반면교사가 되길 바랍니다. 성광교회도 2세를 키우지 않으면 나중에 똑같은 일을 당할 겁니다."

내셔널가든뱁티스트처치를 건축할 때 채플의 지하층을 가장 먼저 지었다고 한다. 점차 교인들이 늘면서 1층을 짓고 2층을 증축한 뒤 나중에 본당까지 지은 것이다. 한때는 건물을 신축해야 할 정도로 부흥했지만 결국 젊은 교인들이 오지 않으면서 교회 문을 닫게 되었다. 이들의 쓸쓸한 퇴장을 보면서 많은 생각을 했다.

우리가 교회를 매입할 때 계약서에 '내셔널가든뱁티스트처치는 30년 동안 교회 건물과 모든 시설을 사용할 수 있다'는 조항을 넣었지만 4년 만에 소용없어지고 말았다. 유럽의 많은 예배당이 유흥장소로 바뀌었다는데, 다음 세대를 키우지 않으면 우리도 그렇게 될 수 있다는 걸 미국교회를 통해 뼈저리게 느꼈다.

자녀를 선교 대상으로 삼고 젊은 세대를 교회의 중심으로 바라보며 대책을 세우지 않으면 우리도 언제든 쇠락할 수 있다는 걸 온 성도가 명심했다. 그래서 우리 교회는 다음 세대를 위해 온 힘을 기울이고 있다.

●● 안으로는 자녀선교

우리 교회 구호 중에 가장 중요한 것을 꼽자면 "밖으로는 해외선교, 안으로는 자녀선교"이다. 자녀들이야말로 최고의 선교 대상이다. 나는 성도들에게 입버릇처럼 자녀선교에 온 힘을 기울이라고 강조한다. 자녀가 어릴 때는 부모 따라 교회에 나오지만 사춘기를 지나 대학에 가면 열에 여덟은 교회를 떠난다. 대학교를 졸업하고 직장에 다니면 그들 중 또 80퍼센트가 교회에 나오지 않는다. 보통 심각한 문제가 아니다.

자녀가 믿음 생활을 제대로 하지 않는 것은 '앞으로 남고 뒤로 밑지는 장사'가 아닐 수 없다. 공부를 잘해 사회적으로 잘되는 것 같아도 믿음이 없으면 허사가 되기 때문이다. 많은 부모가 '언젠가는 믿음 생활을 하겠지'라고 생각하여 자녀를 내버려둔다. 천만의 말씀이다. 오랫동안 살펴봤지만 자녀의 신앙을 방치해서 잘되는 걸 못 봤다.

우리 성도들은 아예 자녀들을 선교 대상으로 바라본다. 우리 교회는 개인 신앙을 위한 QT의 생활화를 강조함과 동시에 자녀들을 위한 가정예배를 매우 중시한다. QT와 가정예배로 나 자신의 영성과 자녀의 믿음이 단단해진 것을 경험했기에 성도들에게 강조하는 것이다.

이민가정에서 가정예배는 매우 중요하다. 많은 가정이 부모는 영어를, 자녀는 한국어를 능숙하게 못 한다. 특히 미국에 온 지 오래된 가정일수록 이런 현상이 심각하다. 그런데 자녀가 어릴 때부터 가정예배를 드리면 자연스럽게 소통이 된다. 우리 부부도 자녀가 어릴 때부터 가정예배를 드렸다. 한국말을 제대로 못 하는 아이들에게 한국어 성경을 읽게 하고 영어를 잘 못하는 우리가 영어 성경을 읽으며 소통하는 가운데 친밀해졌다.

아이들이 점점 자라 자기 주장이 강해지면 부모가 미국을 잘 모른다며 무시하기도 한다. 그럴 때 "세상과 학교에서 하는 말보다 성경에서 하나님이 하는 말을 알아 보자"고 하며 함께 성경을 읽어야 한다. 막내아들 다니엘이 초등학교 때 매일 친구 집에 놀러 갔다. 너무 자주 가면 그 집에서 좋아하지 않는다고 해도 말을 듣지 않았다. 그러다가 가정예배 때 "너는 이웃집에 자주 다니지 말라 그가 너를 싫어하며 미워할까 두려우니라"(잠 25:17)는 말씀을 읽고 다음 날부터 가지 않았다. 부모의 강권은 반발을 불러오지만, 가정예배를 통해 말씀이 생활에 스며들면 자녀 문제가 해결된다.

우리 교회는 하나님께 드리는 헌금을 교인들끼리 먹고 마시는 일에는 절대 사용하지 않지만, 아이들의 교육과 관련되었다면 아낌없이 지출한다. '밖으로는 해외선교 안으로는 자녀선교'라는 구호에 맞게 선교 차원에서 미래 세대를 위해 사용하는 것이다. 이렇게 헌금을 사용하면 재정도 튼튼해지고 결실도 튼실하게 맺힌다.

●● 밖으로는 해외선교

　나는 평신도 시절부터 "우리 교회에 3,000명의 성도가 출석해 열심히 선교할 수 있게 해주세요"라고 기도했다. 그러나 담임목사가 선교에 뜻이 없으면 아무리 평신도가 꿈을 꾼들 실현할 수 없었다. 한번은 답답한 마음에 "목사님이 선교에 관심이 없는데 어떻게 우리 교회가 3,000명의 성도로 차고 넘쳐 선교를 할 수 있죠?"라며 탄원 기도를 했다. 그때 하나님의 음성이 들렸다.

　"네가 해라!"

　그때는 어리둥절했지만 목회자로 부름받고 나서야 그 뜻을 알게 되었다.

　목회자가 되면서 '3,000명의 성도와 80명의 파송선교사, 300명의 협력선교사'를 목표로 삼고 기도했다. 개척 초기만 해도 어떻게 선교사를 파송하는지도 몰랐고, 선교사 80명 파송이 얼마나 큰 규모인지조차 전혀 감이 없었다. 교인 30명일 때 이런 선포를 하니 성도들도 그다지 호응하지 않았다. 도대체 저 전도사가 무슨 말을 하는가 싶었을 것이다.

　창립 5주년 때 선교사 파송이 시작됐다. 첫 선교사는 우리 교회 사역자였다. 어린이 담당이었던 홍석종 목사 부부를 볼리비아로 파송했다. 음악부 담당이던 배찬식 목사는 일본으로, 영어권 담당이던 조나단 한 목사는 인도네시아로 가게 되었다. 그로부터 5년 후, 창립 10주년을 맞아 '파송선교사 80명 목표'를 달성했다. 하나님 비전을 주시고 이루신 것이다. 그제야 확실하게 실감한 성도들이 선교사 파송과 협력선교사 300명을 놓고 기도했다.

현재 우리 교회는 96명의 선교사를 해외에 파송했고, 59명의 선교사와 협력하고 있으며, 선교사 파송은 IMB(남침례해외선교부), 한국침례해외선교부, 기아대책, SEED선교회, CG선교회, JAMA, KIMNET, 하이패밀리, 밀알선교회, 평화나눔공동체, 크리스천치유상담연구원, 몽골선교회 등 12개 선교단체와 협력하여 진행한다. 우리 교회에서 선교사 훈련까지 하는 건 힘들다는 판단 아래 믿을 만한 선교단체와 MOU를 맺은 것이다. 우리가 발탁한 선교사의 훈련과 관리를 맡기기도 하고, 각 선교단체에서 추천하는 선교사를 우리 교회가 파송하기도 한다. 선교지에서 위급한 상황이 벌어지면 경험 많은 선교단체들이 즉각 위기관리시스템을 작동한다.

지금까지 우리 교회에서 사역한 부사역자의 80퍼센트를 선교지로 파송했다. 평신도 세 가정도 자비량 선교사로 파송되어 활동하고 있다. 그중 한 사람은 신학을 공부하여 목사 안수를 받고 다시 선교지로 갔다. 평신도의 힘은 무한하다. 평신도 출신인 나는 그 누구보다 평신도의 힘을 잘 알기에 함께 사역하며 꿈을 펼칠 수 있도록 독려하고 있다.

●● 작은 교회도 선교사 파송할 수 있어요

우리 교회는 '작은 교회와 함께 선교사 보내기 운동'을 벌이고 있다. 언젠가 읽은 선교 관련 논문에 '성도 수 500명일 때까지 열심히 선교한다'는 내용이 있었다. 그 이상부터 선교에 대한 지원 비율이 점점 낮아진다고 한다. 500명까지는 전체 재정의 15~30퍼센트를 선교비로 쓰지만 2,000명이 되면 비율이 5퍼센트로 내려가고 3,000명부터 3~4퍼센트로 줄어든다는 것이다. 교회가 커지면 규모를 유지하기 위해 각종 프로그램을 운영하느라 선교를 등한시하게 된다고 한다.

우리 교회 협력선교사 가운데 한국과 미국의 대형교회에서 파송한 선교사들도 있다. 그분이 우리 교회가 주최한 선교대회에 와서 이런 얘기를 들려주었다.

"파송받은 한국교회에 갔더니 저를 새신자반으로 안내하더군요. 제가 그 교회에서 파송한 선교사라는 걸 아는 사람이 없어 아무도 관심을 주지 않았어요. 그래서 예배드리고 인사만 하고 왔어요. 그러다 담임목사님이 바뀌면 완전히 손님이 되고 맙니다."

큰 교회 목회자와 성도들은 선교 마인드가 부족하기 쉽다고 한다. 파송선교사가 많아서 그럴 수도 있다. 선교에 관심이 없으면 자기 교회의 파송선교사를 알 리가 없다. 선교가 더 활성화되기 위해서는 작은 교회에서 선교사를 보내야 한다. 작은 교회는 파송선교사가 많지 않으니 자신들과 동역하는 선교사를 위해 정성껏 기도할 수밖에 없다.

그러나 현실적으로 목회자 사례비조차 마련하기 힘든 작은 교회에서 선교사를 파송하는 건 쉽지 않은 일이다. 그렇더라도 작은 교회 목회자들에게 선교사를 파송하라고 권한다. 우리는 뜻있는 목회자들을 만나면 선교비 매칭 펀드를 구성한다. 예를 들어 선교사 파송비가 한 달에 1,000달러라면 우리 교회가 500달러를 보내고 나머지 500달러는 작은 교회가 보낸다. 그런 뒤 작은 교회가 주 파송교회가 되는 것이다. 3년 동안 진행한 다음 여건이 되면 작은 교회에서 모든 것을 담당하고, 어려우면 우리 교회에서 그 선교사를 파송선교사로 받아들인다.

이렇게 큰 교회와 작은 교회가 연합하면 의미 있는 선교 활동을 펼칠 수 있다. 연합의 시대다. 연합하면 보다 효과적인 선교를 실행할 수 있을 것이다.

목회자 수양회에 주 강사로 초청받아 갔을 때 "작은 교회가 선교해야 합니다. 여러분 반드시 선교사를 파송하세요"라고 권유했다. 예배가 끝나자 작은 교회 목회자들이 고민스러운 얼굴로 "선교하고 싶어도 재정이 부족해서 할 수가 없어요"라고 했다. "그러니까 더 선교하셔야죠"라고 하니 다들 어안이 벙벙한 표정을 지었다.

"선교는 목사님이 아니라 하나님이 하시는 겁니다. 선교는 하나님의 꿈과 비전이기 때문에 선교하면 하나님의 역사하심을 체험하게 돼요. 먼저 목사님이 체험하고 성도님들도 체험하게 하세요. 하나님은 살아 계십니다. 하나님이 원하시는 일을 해서 하나님이 역사하심을 경험할 때 우리의 영성이 변화하고 교회가 부흥합니다. 내가 드린 물질이 선교지에서 사람 살리는 일에 쓰이면 성도들이 물질을 내놓습니다. 그런 일을 통해 교회에 활력이 생깁니다. 선교만 정확히 해보십시오. 다 해결됩니다. 한번 실험해 보세요."

내 단호한 목소리에 다들 말을 잇지 못했다.

"만약 여러분 중에 선교사를 파송하겠다면 우리 교회가 협력하겠습니다. 여러분이 선교사를 발굴하여 우리에게 서류를 보내 주시면 우리가 심사하여 통과된 분에 대해 선교비를 반반씩 부담하는 겁니다. 여러분의 교회가 주 파송교회가 되고 우리가 협력 파송교회가 되겠습니다. 3년 동안 함께 파송한 후 여러분의 교회가 형편이 좋아지면 우리는 빠지겠습니다. 관심 있는 분은 연락 주세요."

한국도 어려운 교회가 많겠지만 미국도 열악한 곳이 많다. 출석 교인 50명 미만인 교회들이 즐비하다. 그날 내 얘기를 듣고 딱한 분이 연락을 해 왔다. 그 목사님은 작은 교회지만 선교사를 파송하고 싶어 했다. 아는 목사님이 요르단에 선교사로 가야 하는데 파송교회가 없다며 인터뷰를 부탁했다. 그래서 그분과 인터뷰를 하고 서류 심사를 한 후 두 교회가 힘을 합쳐 파송하기로 했다. 그런데 작은 교회가 형편이 어렵다며 선교비를 20퍼센트만 내겠다고 했다. 그래서 우리가 주 파송교회가 되고 그 교회가 협력 파송교회가 되었다.

선교사님을 요르단으로 보낼 때 우리 교회와 그쪽 교회에서 각각 파송식을 했다. 선교사님께 "나중에 선교 보고하러 오실 때 저쪽 교회에 먼저 하시고 우리 교회로 오세요"라고 말씀드렸다. 선교사님을 파송한 뒤 그 교회 목사님께 "언제든지 형편이 나아지면 연락 주세요. 주 파송교회를 바꿔드리겠습니다"라고 말씀드렸다.

얼마 후 그쪽 교회 목사님으로부터 연락이 왔다.

"목사님, 참 신기합니다. 선교사를 파송한 뒤로부터 우리 교회에서 한 번도 경험하지 못한 헌금들이 들어오고 있어요."

당연한 현상이다. 하나님이 보내 주시기 때문이다. 성도들도 그들의 헌금이 영혼 살리는 데 사용된다는 것을 확인하면 기쁘게 하나님께 드리기 마련이다.

선교는 하나님의 꿈이다. 작은 교회도 선교사를 파송할 수 있다. 선교사에게 가장 중요한 것은 물질이 아니라 기도이기 때문이다. 기도에는 '없는 것을 있게 하시는 하나님의 손'을 움직이는 능력이 있다. 큰 교회에서는 선교사 파송이 여러 사역 가운데 하나지만, 작은 교회의 선교사 파송은 너무나도 큰 일이고 자랑이다. 그래서 더욱 전심으로 기도하고 후원하게 된다.

우리 교회는 성도가 300여 명에 불과할 때부터 선교사를 파송했다. 그때부터 선교했기 때문에 탄력이 붙어 더 많은 선교사를 파송하게 됐다. 작은 교회들이 선교에 도전하길 기대한다. 우리 성도들이 선교를 열심히 하는 것은 하나님의 은혜다. 하나님이 우리를 선교에 사용하시는 것이 너무도 감사하고 자랑스럽다.

●● 2세 선교사를 응원한다

우리가 동역하는 선교사 중에 선교지에서 '샤이닝 스타 바이블 칼리지'(Shining Star Bible College)를 운영하는 분들이 있다. 우리는 선교사에게 지원하는 선교비와 별도로 바이블 칼리지에 대한 지원 요청이 오면 성도들이 헌금하고, 모자라는 금액은 교회에서 보낸다. 나는 성도들에게 "돈 많이 벌어서 선교에 마음껏 사용하자"고 독려한다.

우리 교회 파송선교사들이 가능한 한 학교, 병원, 고아원 등 많은 단체를 개설해 운영하길 바라고, 요청이 올 때마다 아낌없이 지원한다. 우리는 선교사들에게 "현지에서 열두 명의 제자를 훈련시키라"고 당부한다. 1세 선교사가 연로하여 은퇴할 때 이어받을 제자가 없으면 선교가 더 이상 이어지지 않기 때문이다. 현재 우리 교회는 현지 지도자 양성에도 지원을 아끼지 않고 있다.

차츰 2세 선교사들이 아버지의 선교지를 이어받고 있다. 한국교회가 세습 문제로 종종 시끄러운데 선교지를 이어받는 건 전혀 다른 문제다. 풍요로운 나라의 대형교회와 척박한 선교지의 지역교회는 비교 자체가 불가능한 건이다. 2세 선교사들이 부모에 이어 선교를 하고 싶어도 연고가 없어서 파송받을 데가 없다. 부모를 따라 선교지에서 살았으니 한국과 전혀 연결고리가 없는 것이다.

신학교와 일반 학교, 병원, 고아원, 유치원까지 일구어 선교하다가 선교사님이 귀국하면 지원이 끊어지면서 더 이상 선교가 이

어지지 않는다. 자녀와 제자들이 선교지를 이어받을 때 지원을
아끼지 않아야 한다.

선교사들 가운데 "아들이 선교사 되고 싶다는데 나중에 자라서
선교하려고 할 때 도와주세요"라고 부탁하는 분들이 있다. 우리
교회에서 벌써 두 분의 선교사 자녀를 파송했다. 아버지가 선교
하던 지역을 이어받도록 한 것이다. 부모님이 철수한 후 어릴 때
부터 살아 그 지역을 잘 아는 자녀가 선교를 맡는 건 대단히 효율
적이다. 우리 교회는 앞으로 배출될 2세 선교사들과 계속 동역할
예정이다. 선교사가 은퇴한 후 자녀가 대를 이어 헌신한다면 사
역의 결과가 어떻든 성공한 선교라고 생각한다.

선교사들이 한국에 가면 머물 곳이 마땅치 않다. 그래서 우리
교회에서 하이패밀리에 "선교사님들이 안식년에 한국에 갈 때 머
물 수 있는 집을 만들어 달라. 각 교회들이 자체 선교관을 갖기
어렵다. 하이패밀리가 선교관을 지어서 관리하고 선교사님들이
상담과 치유 훈련을 받으면 좋겠다"고 제안하며 10만 달러를 헌
금했다.

안식년이 아니더라도 선교사들이 한국에서 의료 검사를 받으
려면 최소한 3개월은 머물러야 한다. 부디 많은 교회가 참여하여
선교사 숙소가 마련되길 기대한다.

chapter 13

생명의 길 위에선
죽은 자도 살아납니다

●● 놀라운 치유의 역사

우리교회 주일예배 때 대표 기도자가 빠트리지 않고 꼭 하는 기도가 있다.

"우리 교회가 사도행전적 교회가 되어 사도행전의 기사와 이적을 드러내며, 성령으로 하나 되어 선교하는 공동체가 되게 하소서."

"사람이 마음으로 믿어 의에 이르고 입으로 시인하여 구원에 이르느니라"(롬 10:10)는 말씀대로 놀라운 일들이 많이 일어나고 있다.

목회하면서 수많은 병자가 믿음과 기도를 통해 치유받는 걸 보았다. 믿지 않는 사람들은 기적이라고 말하지만, 믿는 우리는 '당연히 일어나야 할 일'이라고 생각한다. '예수님이 채찍에 맞음으로 우리가 나음을 입었다'는 것은 이론이 아닌 실제 상황이다. 그동안 일어난 치유의 기적은 셀 수없이 많은데, 그중 가장 기억에 남는 일이 있다.

교회를 개척하고 몇 개월 지났을 때 일이다. 어머니가 허노수, 허길선 부부의 근황을 들려주었다. 우리 부모님과 비슷한 시기에 이민 와서 어머니와 자주 왕래하며 지내는 부부였다. 허씨 부부는 사업에 성공해 큰 집을 사고 벤츠를 몰고 다니는, 소위 아메리칸드림을 이룬 상황이었다. 그분의 자녀가 학교에서 문제를 일으켰을 때 내가 통역에다 일 처리까지 도와 나와도 친분이 있었다.

허씨 부부는 열렬한 남묘호렌게쿄 신자였다. 내가 전도하면 허씨 부부는 "남묘호렌게쿄야 말로 참된 종교이니 우리 앞에서 다른 종교 얘기하지 마시오"라고 딱 잘라 거절했다. 그 이후 자연스럽게 멀어졌는데, 남편이 폐암에 걸리고 말았다. 어머니가 폐암으로 죽게 된 허씨를 찾아가 기도해 주면 좋겠다고 하셨다. 암세포가 심장에까지 전이되어 얼마 살지 못한다고 했다.

당시 교회를 개척한 지 얼마 안 되어 잠잘 시간도 없을 만큼 바쁜 상황이었다. 더군다나 몇 번 전도했다가 거절당한 기억이 있어 가기 싫다고 말씀드렸다. 어머니는 "내 소원이니 한 번만 가서 기도해 다오"라고 간곡히 부탁했다.

하는 수 없이 아내와 함께 밤늦은 시간에 허씨가 입원해 있는 병원에 갔다. 암 병동의 독방에 누워 있는 허씨의 얼굴은 고무풍선처럼 퉁퉁 부어 예전의 모습을 찾아볼 수 없었다. 게다가 목에 호스를 달고 온몸에 주삿바늘을 꽂고 있었다. 그런 허씨가 우리를 보자 "숨 쉬는 게 너무 힘들어. 제발 숨 좀 잘 쉬게 해 주소"라고 말했다.

기도에 앞서 예수님이 우리 죄를 대신해 십자가에 못 박히신 것과 예수를 믿어야 죄 사함 받고 영생 얻는다는 말씀을 전했다. 막다른 골목에 다다른 허씨는 영접기도를 따라하며 적극적인 의지를 보였지만 부인은 여전히 냉랭했다. 구석진 자리에서 팔짱을 끼고 지켜보는 부인에게 "아주머니도 남편과 같이 예수님을 믿으셔야지요"라고 하자 "우리 남편이 살아나야 믿지. 안 그러면 내가 뭐 하러 믿겠노?"라고 했다. 그 모습이 너무 안타까워 눈물을 흘리며 "하나님, 이 가정에 하나님의 살아 계심을 보여 주세요"라고 간절히 기도했다. 한 시간 정도 기도한 뒤 집으로 돌아왔다.

다음 날, 새벽기도회에 가려는데 갑자기 전화벨이 울렸다. 허씨의 부인이 흥분한 목소리로 외쳤다.

"기적이 일어났어요! 새벽에 자는데 이상한 소리가 나서 깨어 보니 남편이 일어나 병실에서 쿵쿵 뛰며 '이제 살 것 같다'고 좋아하는 겁니다."

그러면서 허씨가 환상 속에서 본 장면을 자세하게 들려주었다. 기도 받은 그날 밤, 흰옷 입은 사람이 허씨 가슴에 손을 쑥 넣더니 손바닥 크기의 피 묻은 살덩이를 세 개나 꺼내 스테인리스 그릇에 던졌다고 한다. 그 순간 숨이 탁 트인 허씨가 벌떡 일어나 스스로 치료 보조 기구들을 뽑아낸 뒤 병실을 뛰어다녔다고 한다. 그 소리에 자고 있던 자신이 놀라서 깨어났다며 흥분한 목소리로 말했다.

"숨이 가빠 너무너무 답답해하던 남편이 펄쩍펄쩍 뛰며 '너무 시원하다. 이리 놀라운 일이 어떻게 있을 수 있노' 하며 기뻐하고 있어요."

병원으로 달려가 보니 풍선처럼 부어 있던 허씨 얼굴이 정상으로 돌아와 있었다. 며칠간 병원에서 정밀 검사를 한 끝에 암세포가 완전히 사라졌다는 판정을 받았다. 기적이 일어나면서 허씨는 병원에서 '미라클 맨'(Miracle Man)으로 불리게 되었다. 병원에 정기검진을 받으러 가면 암 병동 의사들이 "미라클 맨 보러 가자"며 찾아온다는 것이다. 허씨 부부는 퇴원한 그 주일부터 우리 교회에 출석했다.

허씨 부부는 함께 열심히 전도하며 외친다.

"여러분, 생명의 길이 하나님께 있습니다. 다 죽었다 살아난 저를 보세요. 워싱턴성광교회에 오세요."

두 분은 그렇게 즐기던 골프도 뒤로 하고 틈만 나면 한인 마켓을 중심으로 전도하는 일에 온 힘을 쏟는다. 좋은 소식을 듣고 한인타운에서 멀리 떨어져 있는 우리 교회를 찾는 사람들이 많아졌다.

꽃가루 알레르기로 40년간 고통받던 집사님이 있었다. 가게 운영 때문에 주일에만 교회에 나왔는데 나날이 증세가 심해지자 가게를 팔고 꽃가루 알레르기가 없는 곳으로 이사 갈 계획까지 세웠다. 가게를 판 뒤 새벽기도회에 나오기 시작했다.

어느 날 새벽, 아내가 그분 뒷자리에 앉았는데 성령님이 "지금바로 기도를 해주라"고 말씀하셨다. 아내가 나를 불러 함께 그 집사님을 위해 "예수 이름으로 명하노니 알레르기는 집사님의 몸과 마음에서 완전히 떠날지어다. 너의 묶음을 벗어 던지라!"고 선포했다. 아내는 반드시 집사님이 나을 것을 확신한다고 나에게 말했다.

그다음 주 토요일 새벽, 평소 기침을 많이 하던 그분이 예배 시간에 기침을 한 번도 하지 않았다. 며칠 더 지켜봤는데도 기침을 하지 않았다. 아내가 토요일 새벽기도회를 마치고 커피를 마시면서 집사님에게 상태가 어떤지 물었다. 그러자 "그때 기도를 받고부터 기침이 안 나와요"라고 답했다. "집사님, 확실히 나았어요. 하나님이 분명히 저에게 집사님의 알레르기가 고침을 받았다고 말씀하셨거든요. 이제 알레르기는 끝났어요. 담대한 마음을 가지세요"라고 말했다.

그 후 그분은 장로님이 되셨고, 더욱 신실하게 신앙생활을 하셨다. 지금은 아내의 건강을 위해 한국으로 돌아가 전남 해남에 정착했다.

치유의 역사를 다 전하자면 끝이 없다. 손가락 관절이 튀어나온 권사님을 위해 기도할 때 갑자기 뼈가 바르게 정렬된 일도 있다. 이후에 재발 없이 깨끗하고 확실하게 치유되었다. 이것은 특별한 신유의 은사가 아니다. 오히려 치유가 일어나지 않는 것이 이상한 일이다. 나는 성도들에게 늘 강조한다.

"목사라고 더 많은 기적과 능력을 일으키는 게 아닙니다. 저는 목사가 되기 전 평신도 시절에 지금보다 더 많은 기사와 이적을 경험했습니다. 목회자여서 가능하다고 말하지 마세요. 믿음대로 기도하면 나머지는 하나님이 책임져 주십니다."

●● 타교회 교인들에게 일어난 기적

치유의 기적은 우리 교회 교인에게서만 일어난 것이 아니다. 성광교회를 개척하고 나서 얼마 안 되었을 때의 일이다. 금식기도 열흘째 되는 날, 타 교회 성도로부터 연락이 왔다. 자신의 집에 와서 기도해 달라는 부탁이었다.

"목회 윤리상 다른 교회 다니는 분의 집은 방문하기 어렵습니다. 우리 교회 오시면 기도해 드리겠습니다."

그러자 자신이 암으로 오른쪽 다리뼈가 부러져 움직이지 못한다고 했다. 그래서 전화로 치유를 선포하며 간절히 기도드렸다. 놀랍게도 전화로 기도하는 도중에 뼈가 붙는 기적이 일어났다. 축 처져 조금도 움직일 수 없던 다리에 힘이 생기면서 순간적으로 일어났다는 말에 깜짝 놀랐다. 그 후 병원에 가서 다리뼈가 완전히 붙었다는 판정을 받았다.

그분은 상당히 유명한 화가였는데 너무도 감사하다며 파스텔로 그린 코스모스 그림을 나에게 선물했다. 코스모스는 아내가 가장 좋아하는 꽃이다. 다이닝룸에 걸린 그 그림을 볼 때마다 치유받은 그분 생각과 함께 "그가 채찍에 맞음으로 너희는 나음을 얻었나니"(벧전 2:24)라는 말씀을 곱씹곤 한다.

타 교회 안수집사님이 어느 날 우리 교회 수요예배에 참석하셨다. 어쩐 일인지 물었더니 안타까운 사연이 있었다.

"제가 교회를 오래 다녔는데 하나님이 살아 계신지도 모르겠고 구원의 확신도 없습니다. 그러다 죽을병에 걸렸습니다. 제가 췌

장암으로 많이 힘들어하는 걸 보고 누가 '워싱턴성광교회에 가 보라'고 권해서 목사님 설교를 듣고 있습니다."

나는 그분에게 이렇게 말했다.

"우리 육신은 언젠가는 사라집니다. 중요한 것은 우리 영혼이 살아야 한다는 점입니다. 반드시 구원받아야 합니다. 영원히 사는 길은 예수님을 확실히 구주로 받아들이는 것입니다. 그러면 죽음은 더 이상 두렵지 않습니다. 공중그네 타듯이 그저 '이쪽'에서 '저쪽'으로 옮겨가는 것입니다."

그분은 열심히 설교를 듣고 마음을 다져 나갔다. 그러는 가운데 구원의 확신을 가졌고 침례까지 받은 뒤 하늘나라에 가셨다. 자녀들에게 "내 장례식에 반드시 임용우 목사님이 오셔서 기도하실 수 있게 해라. 내가 확실히 예수님을 믿고 구원받았다는 사실을 장례식에 온 사람들에게 말씀해 달라고 부탁하라"는 유언을 남겼다.

구원받은 사람에게 죽음은 새로운 세계로 떠나는 출발점이다. 죽음을 뛰어넘어 참 생명을 얻는 길, 오직 생명이신 주님을 내 안에 받아들이는 것이야말로 가장 중요한 일이라는 걸 그분을 통해 실감했다.

●● 조카사위에게 일어난 기적

조카사위 강 집사도 치유의 기적을 경험했다. 아내 큰

언니의 딸과 결혼한 강 집사는 나보다 두 살 많지만 나를 이모부라고 불렀다. 한국 대기업에 다니던 강 집사가 미국에 올 때 내가 수속을 도와주었다.

공부를 더 하고 싶다더니 정작 미국에 온 뒤로 공부가 아닌 사업을 시작했다. 당시 안디옥침례교회 집사였던 우리 부부가 예수 믿고 행복한 데다 사업도 잘하니까 인상적이었던 모양이다. 하루는 "어떻게 하면 저도 이모부같이 하나님을 만날 수 있습니까?"라고 물어보기에 "성경에 '구하고 찾고 두드리라'고 했으니 조카 사위도 나처럼 하나님께 만나 달라고 간구해 보세요"라고 답해 주었다.

아주 추운 겨울, 토요일 새벽기도회에 다녀와 소파에서 깜박 잠이 들었는데 꿈에 담임목사님이 나타나 "집사님 심방 갑시다"라고 했다. 그리고 잠에서 깨서는 '하나님이 나한테 심방 가라고 그러신 건가. 심방 갈 일이 있나' 하고 기다려 봤다. 그러나 종일 아무 요청도 없었다.

그날 날씨가 추워 종일 내린 눈이 얼어붙었다. 저녁 7시가 되자 방송에서 도로가 얼어 병원 구급차를 운행할 수 없으니 사륜구동 자동차들을 구급차로 사용할 수 있게 도와 달라는 멘트가 나왔다. 밤 11시 30분경, 조카가 전화를 걸어와 큰일 났다며 울먹였다.

"강 서방이 전신 통증으로 숨넘어갈 것처럼 아파하고 있어요. 정말 독한 진통제를 먹었는데 통증이 조금도 줄어들지 않아요.

어떻게 해야 할지 모르겠어요."

그 말을 듣는 순간 꿈에서 들었던 "심방 가라"고 하신 음성이 생각나서 아내와 함께 바로 집을 나섰다. 도로가 빙판길이 되어 차들이 설설 기어 다녔다. 40분이면 갈 수 있는 길을 1시간 반이나 걸려 새벽 한 시가 되어서야 도착했다. 동네 진입이 힘들어 차를 큰 길가에 세워 놓고 걸어 들어갔다.

집에 가 보니 조카사위가 바닥에 이불을 깔고 누워 있었다. 온몸의 마디마디가 다 아파 꼼짝도 할 수 없다고 했다. 예수 믿은 지 3개월 된 조카사위에게 믿음의 역사를 전한 뒤 "하나님이 지금 치료해 주실 것을 확실하게 믿느냐?"고 묻자 "믿습니다!"라고 했다. 나는 담대하게 기도했다.

"예수 이름으로 명하노니 모든 관절염은 이 순간 당장 떠나갈지어다! 통증은 사라질지어다! 네 믿음대로 될지어다!"

뜨겁게 기도하는 가운데 조카 내외도 우리를 따라 "아멘 아멘!"을 외쳤다. 기도하고 나오려는데 조카사위가 창밖을 내다보게 해 달라고 하여 우리 셋이 이불을 창문 방향으로 돌려놓았다. 다시 도로까지 걸어 나와 집으로 가려는데 갑자기 다리가 덜덜 떨려 운전하기가 어려웠다. 그제야 정신이 들면서 무슨 배짱으로 그렇게 단호한 기도를 했는지 걱정되기 시작했다. 내가 아내에게 "여보 안 나으면 어떡하죠? 믿은 지 얼마 안 돼서 낫지 않으면 교회에 안 나올 텐데"라고 걱정스럽게 말하자, 아내는 "낫게 하는 분은 성령님인데 당신이 왜 걱정해요?"라고 했다. 그제야 마음이 안정되어 출발할 수 있었다.

새벽 세 시경에 다시 전화벨이 울렸다. 전화기를 들자마자 조카가 "할렐루야!"를 외쳤다. 우리가 나간 다음 조카사위가 "하나님, 너무 아파요. 제발 치료해 주세요"라고 기도하는데 갑자기 하늘로부터 형광등 길이만 한 두 개의 광선이 방 안으로 들어와 조카사위의 발밑으로 들어갔다고 했다. 그 순간 조카사위는 자기도 모르게 두 발을 번쩍 들었다고 한다.

그때만 해도 자기가 치료된 줄 모르고 있던 조카사위는 소변을 보기 위해 일어나면서 깜짝 놀랐다. 아내의 도움 없이 일어나면서 그제야 자신이 치료된 걸 깨달았다는 것이다. 조카가 전하는 말을 듣는데 "내 이름을 경외하는 너희에게는 공의로운 해가 떠올라서 치료하는 광선을 비추리니 너희가 나가서 외양간에서 나온 송아지 같이 뛰리라"(말 4:2)는 말씀이 떠올랐다.

다음 날, 주일예배에 예배당으로 들어오는 조카와 조카사위가 보였다. 조카사위는 상체는 뻣뻣한 채 하체만 움직여 로봇처럼 걸어 들어왔다. 지난밤 통증으로 고통스러워하던 모습을 봤던 지라 우리 부부는 너무도 감격스러워 눈물을 흘렸다.

조카사위가 병원에 가니 의사가 "보통 급성관절염은 상체가 아닌 하체에 많이 온다. 당신은 하체는 나았는데 상체가 이런 상태라니 이해가 안 된다. 상체가 그 정도라면 하체는 도저히 움직일 수 없는데 어떻게 하체가 이렇게 멀쩡할 수 있느냐"라며 의아해했다. 당시 조카사위는 아직 의료보험이 없는 상태였다. 의사가 상체를 치료하려면 장기간 병원에 입원해야 하고 비용은 1만 달러 정도 될 거라고 말했다. 35년 전의 일이니 요즘 가치로 따지면 3만 달러가 넘는 액수다. 게다가 치료받아도 완전히 낫는다는 보장이 없었다.

조카 부부는 "하체를 치료해 주신 하나님이 나머지 상체도 반드시 치료해 주실 것을 믿는다"면서 1만 달러를 헌금으로 드렸다. 그의 결단을 보고 조카 부부를 우리 집에서 지내게 했다. 아래층에 거처를 마련해 주고 성경공부를 함께 하며 쉬지 않고 기도했다.

그런데 어느 날 아래층에서 통곡하는 소리가 들렸다. 조카사위가 목놓아 울고 있었다. 대성통곡하며 회개하는 순간 상체의 관절염이 깨끗이 치료되었다. 조카사위는 기도하는 가운데 모난 성격으로 가족들을 아프게 한 일이 떠올라 회개했다고 한다. 아마도 하나님이 치유의 광선을 보내셨을 때, 조카사위의 상체도 고칠 수 있었지만 회개를 기다리신 것 같다. 만약에 그때 치료의 광선으로 전신을 고쳐 주셨다면 모난 성격은 고쳐지지 않았을 것이다. 너무나도 완벽하신 하나님, 우리보다 우리를 더 잘 아시는 하나님께 늘 감사하며 의지해야 한다.

Part 4.

가정,
교회가 되다

chapter 14

아내와 함께
목회합니다

●● 최고의 목회 동역자, 아내

아내는 확고한 믿음의 삶을 살고 있다. 무엇보다도 목숨 걸고 예배의 자리를 지킨다. 22년 동안 선교지를 방문하는 등 부득이한 경우를 제외하고는 주일 1, 2, 3부 예배는 물론 새벽기도회와 수요예배, 금요중보기도회까지 한 번도 빠진 적이 없다. 새벽 1시에 구급차에 실려 응급실에 갔다 와도 새벽기도회에 참석할 정도로 열심이다.

내가 말씀을 선포하면 아내는 늘 "아멘!"으로 화답한다. 목회자가 강단에 서면 눈길 줄 데가 마땅치 않은데 아내를 보며 설교하니 편안하다. 목회 초기에 중직자들을 모아 놓고 "저는 아내와 함께 목회합니다"라고 하자 다들 의아해했는데, 이제는 대놓고 "목사님은 기도와 설교만 하세요. 나머지는 사모님께 여쭤 볼게요"라고 말할 정도가 됐다. 사모가 존경을 받으니 내 목회가 자연히 편해졌다.

그렇다고 아내가 듣기 좋은 말만 하는 건 아니다. 아내는 한없이 부드럽다가도 하나님 앞에서 올바르지 않다고 생각하면 딱 부러지게 지적한다. 아내는 여선교회 집사님뿐만 아니라 장로님과 권사님에게도 할 말은 한다.

아내가 나를 도와주는 것에 대해 친한 목사님들이 부러워한다. 성도들을 두루두루 돌아보는 게 현실적으로 힘든데 그걸 아내가 맡아 주니 말씀 준비에 시간을 많이 투자할 수 있어 좋다. 특히 내가 말수가 적어 성도들을 살갑게 대하지 못하는 터라 아내가 더욱 고맙다. 여자 성도들과 터놓고 대화하는 일은 어떤 목사든 힘든 일인데 그걸 아내가 대신해 주어 힘이 많이 된다.

아내는 여자 성도들과 매우 친밀하다. "사모님, 우리 남편이 하나님 외에 사모님 말밖에 안 들으니 제발 얘기 좀 해 주세요" 같은 부탁을 자주 받는다. 그러니 두루 만나 상담하고 권면하느라 바쁘다. 원래 부지런한 성격에 만남이 많으니 제대로 쉴 틈이 없다. 그냥 두고 좀 쉬라고 하면 "조금만 알려 주고 신경쓰면 되는데……"라며 바쁘게 움직인다.

아내는 자나 깨나 도와줘야 할 성도들이 없나, 그것만 생각한다. 기도하는 가운데 어려운 집이 떠오르면 기꺼이 나서서 일이 성사되도록 돕는다. 돈이 필요한 성도가 있으면 믿을 만한 사람들에게 "언제 받겠다는 생각 말고 무기한으로 빌려 줘라. 혹시 못 갚으면 우리가 대신 갚아 주겠다"고 말하며 다리를 놓는다. 잠언에 보증 서는 것과 빚지는 것에 대한 경고 말씀이 나오는데 나는 설교할 때 "갚을 걸 기대하지 말고 안 받을 각오로 빌려주십시오. 있는 걸 나눠 주는 게 사랑입니다"라고 전한다. 우리의 요청으로 빌려준 사람들은 2~3년 안에 다 돌려받았다. 망한 상태로 우리 교회에 와서 열심히 믿음 생활하는 가운데 회복하고 넉넉해진 분들도 있다. 그런 분들에게 "예전에 도움받은 걸 감사하고 이제 남을 도우십시오"라고 권한다. 잘 될 때 도와줘야 한다. 힘들어지면 도와주고 싶어도 나설 수 없다.

영주권 받도록 도와주는 일, 직업과 집을 구하는 일, 사람과 사람을 연결하는 일, 뭐든 쉬운 것이 없다. 아무나 해주는 게 아니고, 아무나 해줄 수도 없는 일이다. 내가 전문회계사로 비즈니스 컨설팅을 하며 사업체 진단을 많이 해봐서 나설 수 있었다. 가능성 있는 사람을 분별하여 도와주는 것이다. 그저 정에 이끌려서 연결하면 실패할 확률이 높다. 정확하게 판별하여 연결했기에 돕는 사람도 손해가 없고, 도움받은 사람도 재기가 가능했다.

아내는 대단한 지위를 가진 사람이든 힘없는 사람이든 차별하지 않는다. 모든 사람을 전도 대상으로 볼 뿐이다. 34년 전 막내 다니엘이 태어났을 때 일이다. 식당에서 일하며 딸 셋과 어렵게 사는 분을 우리 집으로 모시며 아내가 한 가지 약속을 했다.

"보수를 넉넉히 드릴 테니 주일예배에 꼭 참석하세요."

그분이 다니엘을 돌보며 매주 예배에 나왔고, 권사님이 되어 지금까지 교회에 충성스럽게 헌신하고 있다.

또 다른 분은 십오 년 동안 우리 집에서 함께 살며 예수님을 영접하고 영주권과 시민권까지 취득했다. 가족처럼 지내며 우리 교회에서 권사 직분을 받고 열심히 믿음 생활을 했다. 나이 들면서 한국에 가고 싶어 하다가 영구 귀국했다.

아내는 종종 다니는 사우나에서 일하는 분도 전도했다.

"미국살이 힘들죠. 나도 힘들게 살았어요. 여러 가지 해봤지만 내가 최고 잘한 건 예수믿은 겁니다."

서로 남편 얘기도 하게 됐다는데 아내는 "남편이 회계사 하다가 은퇴했다"고 둘러댔다. 이런저런 얘기 끝에 전도를 하니 세신사가 수요일밖에 쉬지 않아 갈 수 없다고 답했다. 그럼 수요예배에 함께 가자고 하니 이번에는 차가 없어서 못 간다는 핑계를 댔다. 아내가 수요일에 약속 장소에서 세신사를 태우고 오며 "실은 내가 성광교회 목사 사모입니다"라고 실토했다. 아내가 전도한 분들이 우리 교회에서 집사도 되고 권사도 되어 충성하고 있다.

●● 우리는 하늘이 내린 짝

가정은 자녀 위주가 아닌 부부 위주여야 한다는 게 나의 소신이다. 부부가 진정으로 사랑하며 행복한 모습을 보이면 자녀들이 저절로 잘 자라기 때문이다.

아내는 굉장히 명랑한 성격이어서 집안이 늘 밝았다. 내가 밖에서 들어갈 때 아내는 늘 웃으며 맞아 주었다. 45년을 사는 동안 한 번도 얼굴을 찡그린 적이 없다. 아내는 알람을 듣지 않고도 항상 나보다 일찍 일어났다. 새벽 설교하기 위해 나가는 나에게 아내는 22년간 도시락을 싸 주었다. 저녁에는 내가 다음날 입고 나갈 옷과 넥타이를 미리 맞춰 보고 옷걸이에 걸어 놓는다. 새벽에 먼저 일어나 날씨를 체크한 뒤 추우면 다시 옷을 바꿔서 준비해 준다.

예전에는 성전 꽃꽂이하는 분이 토요일에 꽃 사진을 찍어서 보내 주었다. 아내는 그 사진을 보고 꽃 색깔과 맞는 넥타이를 준비해 주었다. 성도들은 꽃 색깔과 넥타이 색깔이 딱 맞다며 신기해 했다. 아내는 새벽에 집을 나서기 전, 일일이 매무새를 다듬어 주고 머리 손질까지 해준다. 집에서 설교 준비를 하고 있으면 간식과 따뜻한 차를 공급해 주며 나의 컨디션을 세심하게 체크한다. 평생 나의 스타일리스트, 헤어디자이너, 매니저 역할을 해주고 있는 것이다.

아내가 옆에 있으면 든든해 어디든 함께 간다. 우리 부부가 유난히 금슬이 좋고 늘 붙어 다니는 건 우리 가족들도 다 아는 사실이다. 어머니는 교회에 다니기 전에도 "너희 둘은 하늘이 내린 짝이다"라고 하셨다. 내가 "화성으로 가라 해도 우리 둘만 가면 상관없어요"라고 하자 아내가 "천국 가면 우리 동네에 오지 마세요"라고 해서 함께 웃었다.

목회를 하기 전에도 우리는 너무나 행복한 가정이었다. 목회를 시작할 때 하나님께 이렇게 기도드렸다.

"주님 앞에 설 때까지 우리 가정이 온전히 보존되게 해주세요. 내가 목회를 좀 못해도 상관없습니다. 우리 가정이 어려움을 당하지 않고 행복하게 해주세요."

가정이 안정되어야 밖에 나가서 역량을 발휘할 수 있다. 집안

문제로 머리가 복잡하면 일이 잘될 리 만무하다. 나는 자녀를 위해 "두 아들이 내 아내같이 지혜로운 여자를 만나게 해주시고, 딸이 아내처럼 지혜로운 여성이 되게 해주세요"라고 기도드렸다.

우리 부부는 예수를 믿지 않았던 열네 살에 만났는데, 목회자가 될 나를 위해 최적의 아내를 주신 하나님께 감사드린다.

●● 사모 세미나 강사로 선 아내

우리 교회가 부흥하면서 어떤 소문이 퍼져 나갔는지 아내에게 사모 세미나를 해달라는 요청이 왔다. 하지만 그런 이야기가 나올 때마다 아내는 바로 거절했다. 많은 사람 앞에 서서 말할 자신도 없고, 자신이 그럴 만한 인물도 아니라는 것이다. 아내는 강직하면서 밝고 쾌활한 성격이지만 세심한 데다 부끄러움도 많은 편이다.

3년 동안 계속 요청이 와서 몇 개월을 고민하고 기도한 끝에 아내가 메릴랜드 주에서 열린 사모 세미나 강사로 서게 되었다. 초반에 고개를 숙이고 미리 작성해 간 원고만 읽던 아내는 후반부가 되어서야 청중들과 눈을 맞추면서 자연스럽게 강의했다. 그후 다른 곳에서도 세미나 요청이 왔지만 아내는 정중히 거절하곤 했다.

15년 전 우리 교회에서 사모 세미나를 주최한 적이 있다. 미국 전역에 사는 사모님 50여 분을 초청해서 개최한 대회였다. 우리 교회에서 목사 안수 받은 고구마 전도왕 김기동 목사님이 "미자립 교회에 어려운 분들이 많습니다. 사모 세미나를 열어서 용기를 주면 좋겠습니다"라는 아이디어를 주어 열게 되었다. 사모님들의 왕복 비행기표와 3박 4일 숙박비를 우리 교회에서 다 제공했다. 화장품과 담요 등 세미나 때 사용할 물품들도 준비했다. 선착순으로 신청을 받았는데 금방 마감되었다. 사모 세미나는 그리 크지 않은 룸에 둘러앉아 스피치하는 형식으로 편안하게 진행했다. 우리가 예수 믿기 전, 평신도 사역할 때, 목회자 사모가 된 이후 활동을 진솔하게 토로해 아주 분위기가 좋았다.

세미나 중에 메릴랜드 작은 개척교회의 사모라는 분이 아내를 찾아왔다. 부부싸움을 크게 하고 세미나에 왔는데 남편 목사님이 집을 나갔다는 것이었다. 왜 싸웠는지 묻자 한숨을 쉬며 자신의 얘기를 털어놓았다.

"주일에 남편이 설교하고 와서 '오늘 내 설교 어땠어?' 하는데 '그걸 설교라고 했어요?'라고 맞받아쳤어요. 그랬더니 '에이씨, 목회 안 한다'며 집을 나가 버렸어요. 세미나에 참석하고 싶어 그냥 왔는데 아직 집에 안 왔다는 거예요. 내일 금요철야예배를 드려야 하는데 전화를 해도 안 받아요."

그 사모님은 남편 사례비로는 생활이 어려워 베이비시터를 하며 힘들게 산다고 했다. 아들이 둘인데 '남편이 설교를 좀 잘하면 교인이 많아지지 않을까' 하는 생각에 그동안 예배만 끝나면 설교 좀 잘하라고 바가지를 긁었다고 했다.

아내는 바로 그분에게 사모님이 잘못했다고 지적했다.

"목사님 기를 살려 드려야죠. 계속 못 한다고 하니 짜증 나서 더 못하는 거죠. 목사님한테 전화해서 음성을 남기세요. '여보, 사모 세미나에 가서 상담했는데 무조건 내 책임이라고 하네요. 듣고 보니 정말 제가 잘못했어요.' 딱 이 말만 하고 다른 말은 한마디도 하지 마세요."

아내의 말에 사모님이 남편 핸드폰에 음성메시지를 남겼는데 그다음 날 목사님으로부터 "플로리다까지 왔다가 다시 돌아가는 중이다"라는 연락이 왔다. 메릴랜드에서 플로리다까지 가려면 20시간이 걸린다. 화가 나서 내처 달린 것 같았다. 남편 목사님이 돌아온다는 소식에 그제야 사모님의 얼굴이 펴지면서 나머지 시간을 편하게 보냈다.

그로부터 한참 후에 정태기 목사님을 모시고 부흥회를 하는데 뒤에서 누가 아내를 톡톡 쳤다. 바로 그 작은 교회의 사모님이었다. 함께 온 남편 목사님이 감사하다고 인사했다. 목회를 잘하시는 가운데 자녀들도 잘 장성했다는 소식을 들려주었다.

아내의 사모 세미나 강의는 두 차례로 끝났다. 얼마 전 캘리포니아에서 사모 세미나를 해 달라는 연락이 왔지만 역시 거절했다. 최근에 나에게도 침례교 목사님들 부흥회에 강사로 서 달라는 요청이 왔다. 참석하시는 목사님들이 나를 거명하셨다고 한다. 마침 텍사스에서 개최하니 그곳에서 목회하는 아들도 볼 겸오라고 하셨지만 가지 않았다. 하나님이 특별히 가라는 마음을 주시지 않는 한 우리 부부는 외부에 잘 나가지 않는다. 우리 교회 목회에 충실하기도 벅차기 때문이다.

●● 기도로 동역하다

아내가 한국에 살 때 교회를 몰랐으니 목회자 사모님을 만나 본 적이 없다. 미국에서 몇몇 사모님을 접했지만 흠모할 만한 분도, 가까이에서 벤치마킹할 만한 분도 찾지 못했다. 아내는 목사 부인으로서 흠잡을 데 없이 행동하기로 결심한 뒤 매사 최선을 다했다. 옆에서 지켜보면 철저하기 이를 데 없다. 일례로 세탁소에 세탁물을 맡길 때면 몇 개씩 깔끔하게 정리해서 갖고 간다. 세탁소도 한 곳만 이용하지 않고 돌아가면서 방문하는 식이다.

아내는 해야 할 말이라고 생각하면 지체하지 않고 전한다. 만약 어릴 때부터 교회에 다니며 조심성 많은 사모님들을 봤다면 그렇게 못했을 지도 모르겠다. 평신도 때 우리가 다닌 교회 목사님이 일주일에 두 번 정도 새벽기도회에 나오지 않았다. 사모님은 거의 매번 결석했다. 어느 날 사모님이 꼬박꼬박 새벽기도회에 나오는 아내에게 "집사님 죄송해요"라고 했다. 그러자 아내가 "왜 미안하세요? 목사님이 새벽기도회에 못 나오시는 건 사모님 책임이에요"라고 직격탄을 날렸다. 그러자 다음날 목사님이 강단에서 "여러분, 사모는 아무 잘못이 없습니다. 내일부터 알람을 다섯 개씩 켜고 꼭 나오겠습니다"라고 말했다. 그러더니 결국 얼마 못 가서 교회를 사임했다.

아내는 7년 동안 내가 목회를 결심할까 봐 노심초사했지만 응답받은 이후 누구보다 열심히 자신의 일에 충실했다. 아내는 사모가 될 때 '성도들보다 더 부지런하자. 더 믿음 좋은 가운데 더 기도하자. 더 스타일리시하고 절대 가십거리를 제공하지 말자. 성도들보다 영적으로나 육적으로 더 강건하자'는 결심을 했다.

아내는 매일 새벽기도회에 나오기 전 한 시간씩 머리 손질을 하고 옷매무새를 깔끔하게 다듬는다. 한 번도 흐트러진 모습을 본 적이 없다. 아내는 그날 정한 기도 시간은 아무리 바빠도 반드시 채운다. 가족들을 위한 기도뿐만 아니라 성도들의 기도 제목을 받아 열심히 기도한다. 성도들과 기도 약속을 했는데 그 기도를 못 하면 하나님이 아내를 깨우신다. 새벽마다 중보기도를 하고 빠진 부분은 저녁에 마저 기도드린다.

한번은 종일 바쁘게 뛰다가 밤늦게 잠자리에 들어 깜빡 잠이 들었던 아내가 벌떡 일어났다. 비몽사몽간에 성령께서 "너 기도 안 했다"고 하시는 음성을 들었다고 했다. 아내는 쏟아지는 잠을 참으며 기도드리고 다시 누웠다. 그러더니 또 일어났다. 성령께서 "너 아이들 기도 안 했다"고 재차 말씀하셨다는 것이었다. 시계를 보니 12시 10분 전이었다. 부랴부랴 그날 해야 할 기도를 다 끝낸 아내가 편안한 얼굴로 잠자리에 들었다. 참으로 신기하면서도 고마운 일이다.

한번은 주일 설교를 하면서 "성도 여러분 왜 기도하지 않습니까?"하고 강하게 외쳤다. 그때 아내가 "지는"이라는 음성을 들었다고 한다. 경상도 말로 '지는'은 표준어로 '너는'이라는 뜻이다. 그날 저녁에 아내가 나에게 "당신이 기도에 대해 말할 때 성령께서 '지는'이라고 하시더라. 나는 당신이 기도하지 않는다고 생각하지 않는데 그런 음성이 들리더라"고 했다. 그 순간 가슴이 철렁했다. 기도를 깊이 하지 않을 때였기 때문이다. 그 후 더욱 두려운 마음으로 설교를 준비하게 되었다. '하나님께서 나의 앉고 일어섬을 아시고 내 영적 상태를 다 아시는구나'라고 생각하니 매사 조심이 되었다.

내가 잘하지 못하는 부분에 대해 설교할 때는 "성령님 죄송합니다. 제가 이 부분이 부족하지만 설교 시간에 전해야 합니다. 앞으로 더욱 노력하겠습니다"라고 기도한 뒤 강단에 섰다. 그런 날은 설교하면서 성도들에게 "이 부분은 제가 부족합니다. 그러니 우리 함께 노력합시다"라고 분명하게 말했다. 그렇게 하자 성도들이 더욱 신뢰하며 기도해 주었다. 아내를 통해 나를 일깨워주시는 일이 고맙기 그지없다.

아내가 성령님의 음성에 민감한 것과 아내를 통해 나를 일깨워주시는 것이 참으로 감사하다. 아내는 교회 중직자들에게 성령님의 음성을 전하기도 한다.

7년 전쯤 아내가 본당 제일 뒤쪽에서 예배드리는데 갑자기 "K 집사가 지금 밖에서 누구 누구 집사와 잡담하고 있다. 내가 기뻐하지 않는다"라는 성령의 음성을 들었다. 당시 중보기도 팀장인 K집사가 당연히 자신의 자리에서 기도하고 있다고 생각했던 아내는 의아한 마음에 뒤를 돌아보았다. 잠시 후 문이 열려 문밖에서 다른 사람들과 얘기하던 K집사와 눈이 마주쳤다. 아내가 흠칫 놀라니 K집사도 놀라는 표정을 지었다.

아내는 K집사에게 그 얘기를 전하기가 민망해 일주일 동안 기도했다. 얼마 후 K집사가 우리 집을 방문할 일이 생겼다. 아내가 단단히 마음먹고 말을 꺼냈다.

"집사님, 지난 주일 예배 중에 제가 밖에 있는 집사님을 보고 깜짝 놀란 것 기억하시죠? 예배드리는데 성령님께서 '중보팀장인 K집사가 두 사람과 잡담하고 있다. 내가 기뻐하지 않는다'고 하셨어요. 그때 문이 열리면서 찬바람이 들어와 돌아보는데 집사님이 밖에서 다른 사람들과 이야기하고 있어 깜짝 놀란 겁니다."

그러자 K집사님이 감격한 표정으로 이렇게 답했다.

"어머어머, 너무 감사한 일이에요. 하나님이 저를 기억하고 계시는 거잖아요."

지적을 기분 나빠하지 않고 오히려 좋아하며 감동했다는 것이다.

"청년부가 기도를 잘하고 있어서 나는 좀 빠져도 되겠다 생각해 예배시간에 나가 잡담한 지가 3주나 됐습니다. 이제 제 자리를 지키겠습니다."

그날 아내와 K집사님은 우리의 앉고 서는 것까지 다 아시는 주님께 감사했다고 한다. 작은 음성에도 바로 반응하고 따르면 하나님은 더 세심하게 간섭하신다. 아내는 하나님이 성광교회 사모에 맞는 영력과 능력을 주셔서 지금까지 일하고 있다며 기뻐한다.

chapter 15

부모는 자녀에게
믿음의 조상입니다

●● 본이 되는 가정을 위해

"목사님 가정을 닮고 싶어요."

"우리 자녀가 목사님 자녀들처럼 되면 좋겠어요."

"임 목사님을 조금 더 빨리 만났더라면 자녀교육을 잘 시켰을 텐데……."

이런 말을 들을 때면 황송하면서도 감사하다. '자녀선교'가 우리 교회의 중요한 목표 가운데 하나인데 "우리 자녀가 목사님 자녀들처럼 되면 좋겠다"는 말을 들을 때면 그저 감사하다.

가정이 흔들리면 신앙생활도 흔들리기 쉽다. 가정이 건실하면 신앙의 어려움을 이겨 낼 수 있으며 시험이 와도 바로 회복할 수 있다. 가정이 안정되면 신앙이 안정될 뿐 아니라 직장생활도 안정되고 나아가 사회도 안정된다. 그런 의미에서 가정이 세상 그 어떤 것보다 우선되어야 한다. 건강한 가정을 이루려면 자녀들을 믿음으로 잘 키워야 한다. 그래서 시편 127편 3절에서 "자식들은 여호와의 기업"이라고 하셨다.

나의 세 자녀 모두 신학을 공부하고 현재 목회자로 열심을 다하고 있다.

첫째 에스더 전도사는 카네기멜론대학교에서 파인아트와 교육학, 고든코넬신학대학원에서 신학을 공부하고 특수학교 교사로 8년간 근무했다. 조지메이슨대학원에서 교육학 박사과정을 마치고 지금 논문을 쓰는 중이다. 현재 우리 교회 어린이부 전도사로 일하고 있다.

둘째 데이비드 목사는 시카고에서 대학교 1년을 다닌 후 세계 26개국 배낭여행 도중에 소명을 받고 신학교로 진학했다. 사우스이스턴신학대학원을 나와서 지금은 텍사스 달라스에 위치한 글로벌하베스트처치(Global Harvest Church)의 담임목사로 열심히 목회하고 있다.

셋째 다니엘 목사는 캘리포니아 페퍼다인대학교와 고든코넬신학대학원을 나왔으며 조지타운대학원에서 공공정책학 석사학위를 받았다. 현재 우리 교회에서 영어권(EM)과 한국어권(KM)의 풀타임 청년사역자로 일하고 있다.

세 자녀가 모두 목회의 길을 걷는 것이 한없이 감사하다. 아내는 가끔 "우리가 목회할 줄 알았으면 아이를 더 낳을 걸 그랬어요"라며 농담처럼 말한다. 세 자녀가 자라면서 한 번도 신앙적으로 방황하지 않은 데다 모두 목회자가 된 것만 생각하면 너무도 감사하다.

●● 믿음의 조상이라는 각오로

우리 가정을 본받고 싶다는 분들에게 세 가지를 강조
한다.

"가정예배를 드리세요. 부모가 본이 되세요. 교회와 목사를 흉
보지 마세요."

우리 부부가 실천한 사항을 그대로 전하며 이런 당부를 한다.

"아이들 앞에서 목회자 흉보지 마세요. 교회와 교인들에 대해
나쁘게 말하지 마세요. 좋은 점만 얘기하세요. 교회에 대해, 목
회자에 대해, 교인들에 대해 나쁜 얘기를 하면 아이들이 듣고 있
다가 나중에 교회도 안 옵니다. 아주 어릴 때 들은 얘기도 아이들
은 기억합니다. 부모가 교회와 목회자와 교인들을 욕하는데 교회
에 다닐 생각이 나겠습니까? 다른 교회에 가든지, 아예 교회를 안
나가게 됩니다. 교회 중직자의 자녀가 교회에 안 나오는 건 문제
가 있습니다."

신앙이 자기 대에서 끊어지는 것보다 더 불행한 일은 없다. 반
드시 신앙의 유산을 후손들에게 물려주어야 한다. 그렇게 하기 위
해서는 부모들이 신앙 안에서 행복한 모습을 보여야 한다. 교회를
사랑하고 목회자를 자랑해야 한다. 좋은 기억이 있어야 부모를 떠
나 대학에 가더라도 믿음을 지킬 수 있다. 자녀들은 눈에 보이지
않는 하나님을 부모를 통해 믿는다는 걸 늘 명심해야 한다.

자녀들 앞에서 부부싸움은 절대 금물이다. 아빠나 엄마가 아이
들을 야단칠 때도 부부의 의견이 갈리면 안 된다. 애한테 왜 그

러느냐며 아이 편을 들면 부모의 권위가 사라지고 아이들이 아빠 편, 엄마 편으로 나뉜다. 우리 부부는 살면서 부부싸움 자체를 하지 않았다. 그리고 누구 한 사람이 자녀를 야단칠 때 절대 자녀를 편들지 않았다. 우리의 정확한 기준으로 인해 아이들은 혼란을 느끼지 않았다. 부부가 몇십 년을 사는데 왜 싸울 일이 없겠는가. 정 싸워야 한다면 차에 가서 싸우든지, 아이들이 다 잠든 뒤이불 뒤집어쓰고 싸워라.

미국에 이민 와서 살아도 소위 '한국 아빠' 기질을 버리지 못하는 사람을 많이 봤다. 자녀들을 사랑하면서도 표현을 제대로 못하는 것이다. 나는 아이들이 어릴 때 늘 안아주고 뽀뽀해 주었다. 딸은 물론이고 아들들에게도 마음껏 사랑을 표현했다. 세 자녀는 우리가 사랑한다는 사실을 온몸으로 느끼며 자랐다고 말한다. 가능한 한 자녀들에게 표현을 많이 해야 한다.

우리 부부는 우리가 집안에서 '믿음의 조상'이라는 사실을 인식하고 단단한 각오 아래 살았다. 양가에서 처음 하나님을 믿은 우리가 잘해야 부모 형제가 다 예수 믿고, 우리가 모범을 보여야 자녀가 믿음을 받아들인다는 생각 때문이었다.

누가 "우리 아버지와 삼촌이 장로다, 우리 엄마와 이모가 권사다"라는 말을 하면 너무도 부러웠다. 아내는 삼성 이병철 회장, 현대 정주영 회장도 안 부러운데 목사 집안이라는 말을 들으면 부러워서 가슴이 벌벌 떨릴 지경이라고 했다. '부모들이 얼마나 기도를 많이 해 주셨을까, 어릴 때부터 말씀 안에서 살았겠구나' 하는 생각에 부럽기 그지없었다.

우리 부부는 자녀들이 어릴 때부터 우리의 기도를 듬뿍 받으며 말씀 안에서 자랄 수 있도록 최선을 다하자고 약속했다. 또한 '가정예배 드리기, 우리가 본이 되기, 교회와 목사 흉보지 않기'를 실천했다. '믿음의 조상'이라는 각오 아래 대체로 잘해 왔다고 자평한다.

●● 부모를 존경하는 자녀로 키우려면

자녀들을 믿음으로 키워야겠다는 생각에 매일 가정예배를 드렸다. 예배 때 영어가 부족한 우리 부부는 영어 성경을 읽고 한국어가 부족한 자녀들은 한글 성경을 읽었다. 가정예배는 아이들과의 소통을 위해서도 꼭 필요하다.

예배가 복잡하고 길면 아이들이 지루해하니 심플하게 하는 게 좋다. 그냥 잠언만 읽어도 상관없다. 성경을 읽은 뒤 우리 부부는 영어로, 아이들은 한국말로 느낀 점을 얘기했다. 잠언을 읽고 "너의 마음에 와닿는 말씀이 있니?"라고 물어보면 아이들이 대답을 잘했다. 가정예배로 자녀들 믿음도 자라고 소통도 하는 일석이조의 효과를 거둔 것이다.

나는 성도들에게 "가정예배 드리면 좋아요"가 아니라 "가정예배 하세요"라고 말한다. 해보고 확인했으니까 확실하게 말할 수 있는것이다. 영적 확신을 갖고 "하면 있고 안 하면 없다"고 강력히 외친다.

가정예배와 별도로 아이들이 자기 전에 반드시 성경을 세 장씩 읽도록 했다. 만일 세 장을 읽지 않으면 "영적 양식을 먹지 않았으니 다음 날은 종일 금식해야 한다"는 벌칙을 만들었다. 막내아들 다니엘이 초등학교 1학년 때의 일이다. 어제 성경 읽었느냐 물었더니 "No!"라고 답했다. "그럼 오늘 금식해야겠네"라고 했더니 아침을 먹지 않고 학교에 갔다.

학교에서도 점심을 먹지 않은 다니엘이 오후에 친구 집에 가서 탁구를 치며 놀았다. 놀고 있는 아이들에게 친구 엄마가 피자를 사주었는다. 그런데 다니엘이 계속 "못 먹어요. 오늘은 못 먹어요"라고 말했다는 것이다. 아들 친구 엄마가 아내에게 전화해 "다니엘이 피자를 안 먹는데 무슨 이유가 있어요?" 하고 물었다. 아내는 배가 아픈 걸까, 생각하며 다니엘을 바꿔 달라고 했다. 아내가 왜 피자를 먹지 않느냐고 하자 다니엘이 "엄마, 어제 성경 안 읽어서 오늘 금식해야 하잖아요"라고 말했다. 그제야 생각난 아내가 "맞아, 우리 아들 약속을 잘 지키네"라고 격려했다. 친구 엄마가 그냥 먹으라고 했지만 아내는 절대 그러면 안 된다며 피자를 주지 말라고 당부했다. 종일 아무 것도 먹지 않은 다니엘이 부모가 없는 데서도 좋아하는 피자를 안 먹었다니 너무도 기특했다. 그날 하루 아무 것도 못 먹은 다니엘은 다음 날부터 빠지지 않고 성경을 읽었다. 미리 규칙을 정하고 그대로 실천하면 아이들은 약속의 중요성을 깨닫는다.

교육에 있어서 부부의 뜻이 일치해야 자녀들이 혼란을 느끼지 않는다. 우리 부부는 규칙을 정하면 선처하지 않고 그대로 지키게 했다. 부모 가운데 한 명이 "애가 배고픈데 그냥 먹게 하자"고 하면 아이들은 혼란을 느끼고, 약속을 깨도 된다고 생각하기 쉽다.

사춘기 자녀들 때문에 어려움을 겪는 가정이 많다. 우리 부부는 자녀 문제로 속 썩은 기억이 없다. 세 자녀가 언제 사춘기였는지 모른 채 그냥 지나가 버렸다. 사춘기만 되면 아이들이 문을 쾅쾅 닫고 반항하며 심지어 가출까지 한다는데 우리 아이들은 부모에게 말대꾸 한 번 한 일이 없다. 최근에 자녀들에게 사춘기가 있었냐고 물어보자 에스더가 "아빠 엄마가 부르면 방에서 나가기 싫은 마음이 든 적 있었다"고 했다. 두 아들은 사춘기를 의식한 적이 없었다고 했다. 우리 부부가 아이들 사춘기를 전혀 모르고 지나왔으니 정말 감사한 일이다. 부부가 행복한 결혼생활을 하며 사랑을 듬뿍 퍼부으면 자녀가 반발할 리 없다.

나의 세 자녀 모두 목회의 길을 가고 있다. 부모가 사업을 그만두고 '하나님 일' 하는 걸 보고 자녀들도 자연스럽게 목회자가 되었다. 만약 부부가 목회는 왜 해서 이렇게 돈도 못 벌고 고생하면서 살아야 하느냐고 푸념하면서 다퉜다면 자녀들이 결코 목회자의 길을 가지 않았을 것이다. 우리 부부가 잘나가던 사업체를 그만두고 목회의 길로 들어섰고, 목회자가 된 이후에 더 행복하니 우리 아이들은 돈은 별 게 아니라는 인식을 갖게 되었다. 세 자녀는 전혀 돈 욕심이 없다.

큰아들 데이비드가 EM 설교 시간에 "저는 아버지가 독약 묻은 스푼을 줘도 먹을 겁니다. 그만큼 아버지를 신뢰합니다"라고 말해 크게 감동한 일이 있다. 아들이 나를 이렇게 신뢰하는 데는 남편의 권위를 세워 준 아내의 힘이 크게 작용했다고 믿는다.

아내는 상냥한 성격인데 반해 딸 에스더는 나를 닮아서 과묵한 편이다. 아내는 딸이 자신을 닮고 싶어 하지 않을 거라고 말하곤 했다. 그런데 딸의 한마디에 아내가 감동받아 눈물을 글썽였다.

"우리 딸 노라가 할머니를 닮게 해달라고 기도하고 있어요. 로라가 외할머니처럼 영성 있고 예쁘고 부지런하고 내조 잘하고 지혜롭고 카리스마 있으면 좋겠어요."

아내는 딸에게 최고의 찬사를 들었다며 기뻐했다. 딸이 엄마가 부지런하고 내조 잘하는 걸 넘어서서 기도 많이 하여 성도들을 영적으로 이끄는 카리스마까지 인정해 준 것이 내심 기뻤다. 자녀들에게 인정받는 부모가 된 것은 정말 뿌듯한 일이다.

●● 하나님이 보내 주신 보석들

자녀교육 문제로 고민을 겪은 적이 있다. 내가 안디옥 침례교회에서 집사장으로 일할 때 설교는 원로목사님이 하지만 성도들 돌보는 일은 내 담당이었다. 아내와 함께 병자들도 찾아다니고, 필요한 집에 심방도 다녔다. 고등학교 3학년인 에스더의 대학입시를 도와야 하는데 신경 써줄 시간이 없었다.

심방하고 돌아오는데 아내가 "하나님 우리가 전도삽니까? 목삽니까? 우리가 왜 이렇게 해야 합니까? 애가 곧 대학에 가야 하는데 도와주지도 못하고 너무 힘들어요"라고 푸념 섞인 기도를 했다. 그러자 "에스더 대학은 내가 다 책임져 주마" 하는 음성이 들렸다고 한다. 이어서 "등록금까지 책임져 주신다는데요"라고 했다. 실제로 에스더는 명문 카네기멜론에 들어갔고 어려움 없이 대학에 다닐 수 있었다.

아내는 둘째 데이비드가 다섯 살이 되었을 때 공부를 시작했다. 의상학을 전공했던 아내는 인테리어 감각이 뛰어나 가게 장식도 잘하고 집안 꾸미는 일에도 실력을 발휘했다. 전문가로 나서기 위해 인테리어디자인 전공을 선택해 1년 동안 젊은 친구들과 경쟁하며 열심히 학업에 임했다. 성적이 좋은 데다 의욕도 넘쳐났다.

아내는 더 이상 아이를 낳지 않겠다고 했지만 나는 아들 하나를 더 얻고 싶었다. 지금은 데이비드의 키가 194센치미터에 체격도 아주 좋지만 어릴 때는 여리여리해서 매우 약해 보였다. 아메리칸 풋볼 경기를 좋아했던 나는 하나님께 체격 좋은 아들을 달라고 기도드리고 있었다.

공부하는 재미에 푹 빠져 열심히 달리던 아내가 3개월이 지나서야 자신이 임신한 사실을 알게 되었다. 아내는 나에게 알리지 않고 혼자 산부인과를 찾아갔다. 병원에서 남편 동의 없이 수술해줄 수 없다고 하여 여의사가 있는 병원으로 갔으나 거기서도 남편과 함께 와야 한다고 했다. 계속 거절당하는 과정에서 4개월이 되었고 수술이 쉽지 않은 상황이 되자 아내는 나에게 임신 사실을 전했다.

나는 아내에게 가정부를 더 채용해서 아기 때문에 조금도 시간 뺏기지 않게 해주겠다며 달랬다. 그래도 공부에 대한 미련을 버리지 못하고 갈등하는 아내에게 낙태 관련된 책들을 구해서 안겨주었다. 낙태된 아기들에 대한 글을 읽은 아내가 괴로워하는 사이 5개월이 됐다.

그즈음 어머니가 오셔서 집안에 애 낳을 사람이 없는데 이상한 꿈을 꾸었다고 하셨다.

"네가 소파에 앉아 있는데 무지개가 내려와서 너의 치마폭에 떨어지더라. 너는 애 안 낳을 건데 왜 네가 보이지?"

그제야 아내가 임신 사실을 알렸고, 어머니가 몹시 놀라면서 기뻐하셨다. 어머니까지 알게 된 마당이니 아내는 더 이상 갈등할 수도 없었다.

그런 과정을 거쳐 태어난 아이가 다니엘이다. 셋째 다니엘이 태어난 후 일하는 사람을 두고 아내가 조금도 힘들지 않게 배려했다. 아내가 계속 공부하길 원하면 어떻게든 도와주려 했는데 먼저 그만두겠다고 말했다. 무슨 일이든 열정적으로 빠져드는 아내가 두 가지를 동시에 할 수 없다며 아이 키우는 일에만 집중하겠다고 한 것이다. 아내가 꿈을 다 펼치지 못한 건 안타깝지만 다니엘이 우리 품에 온 것은 더없이 기쁜 일이다.

아내는 하나님이 허락하신 생명을 인간들이 형편에 따라서 낙태를 하면 안되는 것을 확실히 깨닫고, 기쁨으로 막내를 키울 수 있었다고 말했다. 지금 돌아보면 하나님이 내 기도를 들으시고 일생의 최고 선물을 우리 부부에게 주신 것이다. 믿음도 좋지만 성격도 다정하고 부드러워 지금은 우리 부부에게 얼마나 기쁨이 되는지 모른다. 하나님은 구하는 것보다 항상 더 좋은 것으로 주시는 분이심을 다시 깨닫는다.

chapter 16

다음 세대 교회를
세웁니다

●● 하나님이 주선하신 부부

데이비드는 태어나기 전부터 아내가 하나님께 바치기로 한 아들이다. 나보다 먼저 교회에 나간 아내는 1년 만에 성령 체험을 뜨겁게 하고 열심히 신앙생활을 했다. 얼굴도 못 본 상태에서 맞은 며느리를 구박하는 어머니 때문에 아내는 마음고생을 많이 했다. 내가 공부하느라 낮에 집을 비우니 마음 붙일 데 없었던 아내는 그저 하나님께 매달리는 것 외에 위로받을 길이 없었다.

"아들을 주겠다"는 성령의 음성을 듣고 바로 임신을 한 아내에게 어머니는 딸을 낳을 거라며 시큰둥하게 반응했다. 아내는 아들을 낳을 게 분명해 속으로만 기뻐했다. 1980년대 초여서 미국에서도 소노그램으로 성별 알아내는 방법이 도입되지 않은 상태였다. 출산 직후 의사가 "아들입니다"라고 할 때 아내는 "네 알아요"라고 답했다. 그 말을 들은 의사가 어리둥절해했다.

아내는 하나님이 주신 아들이니 주의 종으로 바쳐야겠다고 결심한 후 데이비드가 다섯 살 때 기타학원에 데리고 갔다. 신앙 1세대로 기독교 전통에 대해 잘 몰랐던 아내는 앞에 서는 분들이 기타 치며 찬양하는 것을 보고 '목사가 되려면 기타를 잘 쳐야 하나 보다' 생각한 것이다. 다섯 살 때부터 기타를 친 데이비드는 기타와 드럼을 비롯한 여러 악기를 잘 다룬다. 조기교육이 나중에 청년 사역할 때 큰 도움이 됐다.

우리는 아들의 배우자를 위해 정확한 목표를 세우고 기도를 시작했다. 첫째, 3~4대 믿음의 가문에서 자란 자매, 둘째, 현재 목회하고 있는 목회자의 딸, 셋째, 구원의 확신이 있는 자, 넷째, 전문직의 직업…. 이렇게 구체적으로 기도했다.

약 6개월 후 어느 주일, 6주간 공부를 끝낸 새가족반에서 7주차 파티를 하는 날이었다. 3부 예배를 마친 아내가 그 파티를 준비하기 위해 친교실로 가는데 처음 보는 여성이 지나쳐 갔다. 누군가 하여 뒤돌아보는 순간 성령님께서 '네 장래 며느리'라는 마음을 주셨다.

아내는 예배를 마친 후 처음으로 내 옆에 서서 교인들이 나오는 걸 지켜보았다. 그 여성을 찾기 위해서였다. 알고 봤더니 그 여성은 얼마 전 우리 교회에 등록해 새가족반 공부를 막 마친 젊은 부부의 동생이었다. 오빠 부부의 새가족반 졸업을 축하하려고 버지니아 비치에서 5시간 걸려 왔다고 했다. 아내는 그 자매의 시누이에게 전화해 그 여성이 다시 오는 날 셋이 만나자고 약속했다.

셋이 만난 날, 대화하다가 아내는 그녀가 우리의 기도 제목 네 가지를 모두 갖춘 걸 알고 온몸에 전율을 느꼈다고 한다. 4대째 크리스천 집안의 딸로 아버지가 현직 목회자였으며, 현직 해군 군의관이었다. 아내는 그 자리에서 왜 만나자고 했는지, 우리가 어떤 기도를 하고 있었는지, 자초지종을 설명했다. 그러면서 "자매도 기도해 보라"고 권했다.

그 얘기를 듣고 돌아간 자매가 어머니와 이모에게 내 아내를 만난 이야기를 하자 갑자기 자매의 이모가 "꿈꿈꿈!"이라고 소리쳤다고 한다. 그제야 잊고 있었던 꿈이 떠오르면서 자매도 뭔가 시작되고 있음을 깨달았다. 3년 전, 자매는 친구 따라 우리 교회 영어예배에 참석한 적이 있었다. 데이비드가 전도사로 일하며 EM 예배찬양을 인도할 때였다. 그날 밤 그녀의 꿈속에 데이비드가 등장했다. 휴가차 간 모임에서 저녁 프로젝트로 친구와 영화를 보다가 갑자기 하혈했다. 짧은 바지를 입고 있었던 그녀가 당황하자 "Lean on me, I'll take care of you"(내게 기대세요. 제가 당신을 돌봐드리겠습니다)"라는 남자의 목소리가 들렸다. 뒤돌아보니 EM 예배에서 처음 본 데이비드 전도사였다는 것이다. 마치 보아스가 룻을 가려 주듯 데이비드가 재킷으로 자신을 가려 줄 때 꿈에서 깼다고 한다. 당시 엄마와 이모에게 꿈 얘기를 하면서 "요즘 데이트하는 사람이 아니라 왜 그 전도사가 나타났는지 이해가 안 된다. 참 이상하다"고 말한 뒤 잊어버렸는데 그 얘기를 이모가 떠올려 준 것이다.

미국교회에 다녔던 자매는 뭔가 하나님의 인도하심이 있다는 마음이 들어 그날 이후 매주 먼 거리를 운전해서 우리 교회에 출석했다. 미국에서 태어났으면서도 한국말을 완벽하게 하는 그녀는 10년 전 의대에 들어갈 때 엄마가 선물해 준 한국어 성경을 찾아 살펴보다가 또 한 번 놀랐다. '사랑하는 딸아, 너는 많은 사람을 옳은 데로 돌아오게 하는 별과 같이 빛나는 딸이 되거라'라는 엄마의 격문과 워싱턴성광교회 설립 문구가 같은 걸 보고 하나님의 인도하심이 있음을 확실히 믿게 되었다.

그녀가 아내에게 꿈 얘기와 성구 얘기를 전할 때 아내는 '이것은 하나님의 허락이다'라는 생각이 들었고, 곧바로 데이비드에게 자매를 소개했다. 그녀의 부모님을 만나 대화하는 가운데 하나님의 뜻이 있음을 확실히 깨닫고 모두 기뻐했다. 그 자리에서 속히 결혼을 진행하자고 약속했다.

우리 부부는 데이비드에게 포러포즈하고 결혼을 진행했으면 좋겠다고 권했다. 그러자 아들이 "나는 응답도 안 받았고, 아직까지 사랑하는 감정도 생기지 않았는데 어떻게 프로포즈를 해요?"라고 했다. "양가 부모는 다 응답을 받았으니 너도 기도해 봐라"라고 하자 아들도 그때부터 기도를 시작했다. 그리고 기도하는 가운데 성령님이 "네가 나를 먼저 사랑해서 믿었니? 나를 믿고 나서 사랑하게 되었니?"라는 음성을 들려주셨다. 하나님을 먼저 사랑해서 믿는 자가 어디 있는가. 하나님은 태초부터 우리 삶을 계획하셨다. 우리가 태어나기 전부터 하나님은 우리를 사랑하셨다. 성령님이 데이비드에게 그 사실을 정확하게 알려 주신 것이다. 그 말씀을 받자마자 아들은 우리에게 달려와 "응답 받았으니 프러포즈하러 가겠습니다"라며 5년 동안 보관하고 있던 목걸이를 깨끗하게 닦아 달라고 했다. 은으로 된 목걸이인데 그동안 방치해 놓아 시커멓게 변색된 상태였다.

그 목걸이는 아들이 예전에 26개국을 여행할 때 인도에서 산 것이다. 길에서 파는 목걸이였는데, 가진 돈이 부족해서 못 사고 돌아서자 성령님이 "네 특별한 사람을 위해 구입하라"고 하셨다. 그래서 다시 흥정해 그 목걸이를 구입한 뒤 언젠가 프러포즈할 때 상대에게 주려고 보관하던 중이었다.

데이비드가 프러포즈를 하기 위해 자매에게 가서 그 앞에 목걸이를 내놓자 그녀가 갑자기 큰소리로 울기 시작했다. 데이비드는 자신이 실수를 한 줄 알고 깜짝 놀라 허둥거렸다. 한참 울다가 진정한 그녀가 이런 얘기를 들려주었다고 한다.

"하나님께 기도할 때 결혼하게 된다면 약혼의 의미로 반지가 아니라 목걸이를 받게 해달라고 했어요. 그런데 정말로 목걸이를 받는 순간 너무도 놀라고 감동이 되어 그만 울었어요."

데이비드는 하나님의 은혜 가운데 만난 지 2개월 만에 약혼하고 4개월 만에 결혼했다. 결혼한 지 올해로 10년 되었는데 1남 1녀를 낳고 너무도 행복하게 살고 있다. 보통 남녀가 만나 사계절을 지나 봐야 서로를 알 수 있다고 하지만 하나님 안에서 만나면 기간이 짧아도 문제되지 않는다. 하나님이 중매해 주신 아들 부부는 너무도 잘살고 있다.

●● 기도로 찾은 딸의 짝

딸 에스더는 결혼을 생각해야 할 나이에 예수전도단

에서 제자훈련프로그램인 DTS를 이수하고 선교사의 꿈을 꾸었다. 결국 28세에 YWAM(예수전도단)을 통해 우리 교회 50번째 파송선교사로 파송되어 사우스퍼시픽지역으로 떠났다. 4년간 선교사역을 마치고 32세에 돌아와 곧바로 신학대학원에 다니면서 우리 교회 어린이 사역을 담당했다.

예쁘고 실력 있고 믿음 좋은 에스더에게 괜찮은 선 자리가 많이 들어왔지만 이상하게도 하나님의 응답이 없었다. 삼십 대 중반을 넘긴 에스더는 신학대학원을 졸업하고 교육학 박사과정을 밟으며 여전히 교회 사역과 DTS 강사로 바쁘게 달렸다. 딸이 점점 나이 들어 가니 우리 부부는 하나님의 뜻이 어디 있는지 궁금했다. 에스더도 결혼할 생각이 있고 우리 부부도 딸이 빨리 결혼하길 바라는 마음이 간절했다.

아내는 2017년 1월 1일부터 21일간 저녁 금식을 결정하고 매일 교회 주위를 돌며 간절히 기도했다.

"하나님, 에스더의 37세 생일이 다가옵니다. 올해 에스더 생일 전에 하나님이 예비해 주신 사람을 만나게 해주시고 올해가 가기 전에 결혼하게 해주세요."

그렇게 기도하는데 "찰스의 친구 에릭을 만나라"는 성령님의 음성이 들렸다. 에릭은 10년 전 우리 교회에 출석했던 형제였고, 그때는 소식을 전혀 몰랐다. 다만 그의 친구이던 찰스가 아직 우리 교회에 다니고 있었다. 아내는 곧바로 찰스에게 연락해 에릭의 소식을 물었다. 에릭은 아직 미혼이고, 메릴랜드 주에서 변호사로 일하고 있으며 부모님은 목회를 마치고 은퇴하셨다는 얘기를 들려주었다. 아내는 찰스에게 자매를 소개하고 싶다는 말을 에릭에게 전해 달라고 부탁했다. 바로 다음 날 연락이 왔다. 에릭이 세미나 인도하러 갈 일이 있으니 3월 15일에 만날 수 있다고 했다.

아내는 열흘 동안 "에릭이 하나님이 주신 에스더의 배우자라면 정확하게 세 가지 증표를 보여 주세요"라고 기도했다. 그러자 에스더와 에릭이 결혼을 준비하는 모습, 우리 집을 방문한 에릭을 온 가족과 할머니가 환영하는 모습, 에스더가 웨딩드레스를 입고 결혼 화관을 쓴 모습을 정확하게 꿈으로 보여 주셨다.

3월 15일, 비로소 에스더에게 에릭에 대해 말했고 두 사람이 만남을 가졌다. 그런데 에스더가 에릭을 별로 마음에 들어 하지 않았다. 나중에 알았지만 에릭은 에스더가 선교 떠나기 전부터 좋아했으나 마음을 표현하지 못했다고 한다. 에릭은 바로 그 주일부터 우리 교회에 출석하기 시작했다.

3월 19일 에스더 생일 하루 전날 에릭을 초청했지만 에스더는 친구들과 선약이 있다며 전혀 관심을 보이지 않았다. 아내는 그날 에스더에게 단호하게 말했다.

"나는 에릭이 네 결혼 상대라는 응답을 받았는데 네 스타일이 아니라며 안 만나겠다고 하니 네 스타일에 맞는 사람을 직접 구해라. 이제 엄마는 네가 결혼하든 말든 상관하지 않겠다."

기도하는 엄마를 신뢰해 온 딸은 당황하며 울상을 지었다.

에스더는 생일 저녁에 에릭을 다시 만났다. 처음으로 에릭과 길게 대화하면서 에스더는 서로 통하는 게 많다는 걸 확인했다. 그 날 밤 에스더는 7년 전에 쓴 하나님과의 대화 일기를 보고 깜짝 놀랐다고 한다. 다이어리에는 이렇게 적혀 있었다.

'하나님, 제 배우자는 언제 나타납니까?'
'너는 이미 그를 만났다. 그가 너를 알고 있다.'
'직업은요?'
'많은 사람을 도와주는 직업을 가졌다.'
'결혼하면 다른 주로 이사 가야 합니까, 아니면 여기 있어야 합니까?'
'내가 그를 여기로 데려올 것이다.'

그 일기를 읽은 에스더는 오래전에 만났고, 변호사로 많은 사람을 돕고 있으며, 버지니아 주에서 가까운 메릴랜드 주에서 일하는 에릭이 배우자라는 것을 확신했다.

한 달 후 에릭과 잘 만나고 있는지 묻자 에스더는 "He is Great"(그는 대단한 사람이야)라고 했다. 만난 지 한 달 만에 에릭이 에스더에게 프러포즈 했고, 그해 10월 7일 둘은 결혼했다. 아내가 기도한 대로 생일 전에 만나 2017년이 가기 전이었다.

●● 믿음의 가문을 이루다

1988년생인 다니엘은 아직 미혼이다. 집에서 '대니'라는 애칭으로 부른다. 형과 누나의 결혼 과정을 지켜본 대니는 느긋하기만 하다. "엄마가 성령의 음성을 듣고 데리고 올 텐데"라고 말하는 아들에게 아내는 "스스로 기도해야 한다"고 강조한다.

대니는 엄마 같은 배우자를 만나고 싶다며 그 이유를 이렇게 밝혔다.

"아빠 엄마는 언제나 한결같아요. 겉과 안이 똑같아요. 교회에서의 모습과 집에서의 모습이 조금도 다르지 않아요. 아빠 엄마는 우리에게 숨기는 게 없어요. 그게 우리에게 안정감을 주었어요. 저도 안정적인 가정을 이루고 싶어요."

우리 부부의 생활을 늘 지켜보는 아들이 그런 얘기를 해주어 안심되면서도 고마웠다.

"엄마는 아빠의 완전한 파트너예요. 대화가 통하는 사이가 가장 중요하다고 생각해요. 엄마는 아빠를 담대하게 해줘요. 제가 고집이 세고 의견이 강한 편인데 결혼한 뒤 아내가 다 참고 받아들이는 건 원치 않아요. 서로 의견을 내서 조율할 수 있는 여성을 만나고 싶어요. 제가 일방적으로 이끌어가는 관계는 원하지 않아요. 엄마가 지혜로워서 아빠가 편안하신 것처럼요. 저도 편안한 상대를 만나고 싶어요. 지혜는 금보다 흔하지 않아요."

세 자녀가 목회의 길을 선택한 것은 우리 부부가 잘되는 사업체를 접고 목사가 되는 모습을 보았기 때문이리라. 십일조를 가장 많이 했던 우리가 목회자가 되는 과정을 지켜보며 자녀들은 '사장님보다 더 좋은 게 목사님'이라는 걸 자연스럽게 받아들였을 것이다. 한때 말리기는 했지만 세 자녀 모두 목회자의 길을 걷는 것이 지금은 너무도 감격스럽고 감사하다.

아내가 처음 교회를 나가면서 양가 스물여덟 가정이 모두 예수님을 믿게 된 것, 나의 세 자녀가 모두 목회자가 된 것이 너무도 감사하다. 데이비드의 아들인 나의 손자가 지금 여섯 살인데 벌써부터 목사가 되겠다고 하니 3대째 크리스천을 넘어서서 3대째 목회자 집안이 될 듯해 가슴이 벅차다.

세 자녀가 자랄 때 기도를 많이 한 아내는 여전히 자녀 기도를 열심히 드리고 있다. 요즘은 손자와 손녀를 위한 기도를 더 열심히 한다. 아이들의 이름을 부르며 특성에 따라 아주 구체적인 기도를 드린다.

"이 나라의 믿음 좋은 대통령이 되게 해주세요. 미국을 영적으로 이끄는 수장이 되게 해주세요."

"EQ와 IQ가 뛰어나게 해주세요. 하버드대학교를 마치고 신학대학교에 가게 해주시고 대통령 선서할 때 기도한 빌리 그레이엄 목사님처럼 기도하는 목사님이 되게 해주세요."

"배우나 슈퍼모델이 되어서 한 시대를 풍미하는 젊은이들의 영적 롤모델이 되게 해주세요."

"노벨상을 수상하고 인류에 크게 이바지하는 과학자가 되게 해주세요."

각각의 달란트에 맞춰 손주들을 위해 낭랑한 목소리로 기도하는 할머니의 염원대로 믿음의 3대들이 뻗어갈 것을 믿어 의심치 않는다.

하나님을 기쁘게 하기 위해
내일도 열심히

잊지 못하는 부탁

목회하면서 내셔널가든뱁티스트처치 2대 목사님이 나에게 해준 말을 잊은 적이 없다. 청년들이 요구하는 바를 무시하고 장년 중심으로 교회를 운영하자 젊은이들이 떠나고 나이 많은 사람만 남았다며 나에게 "성광교회도 2세를 키우지 않으면 나중에 똑같은 일을 겪을 겁니다"라고 했다. 나는 그때 들은 말씀을 성도들에게 자주 전한다. 하나님이 주신 메시지라고 생각하기 때문이다.

"1세대는 2세대를 위해 투자해야 합니다. 그게 하나님이 기뻐하시는 일입니다. 나한테 포커스를 맞추지 맙시다. 지금 좋은 것, 내가 좋은 것이 아닌 다음 세대를 준비하는 교회가 됩시다."

한인 장년들만의 교회가 되면 안 된다는 것을 우리 성도들은 자각하고 단단히 다짐했다.

"우리 교회는 다음 세대를 키우는 교회가 되어야 한다."

내가 이민 올 때만 해도 잘살기 위해 다들 노력했다. 이제 대부분의 한인이 미국 사회에서 기반을 잡고 잘살게 되었다. 문제는 생활이 풍족해진 뒤 가정을 돌아보고 절망하는 사람이 많다는 것이다. 믿음 없는 자녀들이 제멋대로 살면서 부모와 소통하지 않는 일이 비일비재하다. 자녀를 위해 미국에 왔는데 자녀들이 믿음을 등진다면 무엇을 위해 열심히 살아온 것이란 말인가. 그렇게 열심히 살았는데 남은 것은 무엇인가. 부모는 부모대로 깊은 절망에 빠져든다. 자녀를 잘 키우는 일은 선교 차원에서도 매우 중요하다. 지금이라도 늦지 않다. 믿음 안에서 하나님의 꿈을 심어 주면 자녀가 살고 하늘나라가 확장된다.

15년 전 교회 건물을 옮기려고 여러 시도를 해봤지만 적당한 곳을 찾지 못했다. 그러면서 2019년에 교회 의결을 거쳐 비전센터 건축을 결정했다. 비전센터를 세우기로 한 가장 큰 이유는 이곳에 온 지 얼마 되지 않아 하나님께서 나에게 너무나도 선명하게 보여 주신 꿈에 있다. 현재 이 자리에서 교회를 증축한 모습이었다. 너무나도 아름다운 마호가니 나무로 둘러쳐진 넓은 강대상 위에 하늘로부터 환한 빛이 무대 조명처럼 비치고 있었다. 수많은 성도가 그곳에 서 있고 그 중앙에 나와 아내의 모습이 보였다. 아내가 나에게 "성도가 3,000명이 되었다"고 하는 말도 들었다.

교회를 빛나게 하는 건 하나님의 은혜뿐

우리 교회에 청년들이 점점 늘어나고 30대와 40대가 부흥하고 있어 비전센터를 짓기에 적합한 시기였다. 교회마다 교인들의 연령층이 높아지고 있다는데 우리 교회는 반대로 점점 젊어지는 중이다. 이런 현상은 하나님의 특별한 은혜가 아니고는 설명할 길이 없다. 그 특별한 은혜 속에서 세우는 비전센터의 정식 명칭은 '샤이닝스타 비전센터'(Shining Star Vision Center)이다.

코로나 팬데믹으로 인해 예배를 두 번으로 줄이고 성도들이 70퍼센트 정도 출석하던 2022년 초, 비전센터 건축헌금을 작정했다. 우리 교회 전통대로 딱 4주 광고할 계획이었는데 2주 만에 목표액 300만 달러를 상회하여 370만 달러의 작정헌금이 모였다. 결과 앞에서 성도들이 더 뿌듯해했다. '미래 세대를 제대로 교육시키자'는 목표 앞에서 모두가 한마음이 된 것이다. 하나님이 우리를 축복의 통로로 쓰셔서 감사하고 같이 어울려서 큰일을 해낸 것이 기뻤다. '이건 우리가 해야 하는 일'이라는 걸 모두가 동시에 깨달은 것이다.

사실 우리 교회는 초창기부터 작정헌금을 할 때 기한 전에 초과 달성하는 일이 계속되어왔다. 창립 이듬해인 2002년 8월, 지금의 예배 처소를 위해 건축헌금을 작정했다. 장년 출석이 100명 조금 넘을 때였다. 한 주일만 건축헌금을 작정하겠다고 공표한 후 당시 필요한 35만 달러를 두고 하나님께 기도드렸다. 그런데 놀랍게도 바로 다음 주일에 35만 7,000달러가 집계됐다.

우리 부부는 비전센터 건축을 위해 100만 달러를 헌금했다. 오래전 "하나님 나중에 우리 교회가 건축을 할 때 100만 달러를 헌금하게 해주세요"라고 기도드렸는데 응답된 것이다. 25년 전 평신도일 때 친척과 함께 댈러스 공항 주변에 20에이커(2만4,000평)의 땅을 구입했다. 몇 년 전 친척이 병석에 누우면서 그 땅을 팔았고 배분받은 금액으로 100만 달러를 헌금하게 되었다.

학생 부부 시절 아내가 건축헌금 1,000달러를 하라는 음성을 들었을 때 전 재산 200달러에 800달러를 빌려서 헌금해야 했다. 그랬던 내가 비전센터 건축헌금 100만 달러를 할 수 있게 되어 너무도 행복했다. 첫 건축헌금 1,000달러의 천 배를 헌금하게 해주신 하나님께 감사드렸다. 자랑이 될까 봐 망설였지만 하나님이 나 같은 사람도 기도하는 가운데 헌금하게 하셨으니 많은 분이 비전을 갖길 바라는 마음에서 공개하는 것이다.

연면적 3만200평방피트(900평)의 비전센터는 1층과 2층으로 건축할 예정인데 1층은 전적으로 어린이들을 위한 공간이다. 2층은 체육관과 영어권 예배 처소로 조성할 계획이다. 그 외 파티 장소, 주방 등도 들어서게 된다. 그동안 우리가 사들인 다섯 채의 주택이 도로와 면해 있는데 그 주택을 철거하고 그 자리에 비전센터를 짓게 된다.

우리 교회는 워싱턴D.C.까지 자동차로 15분 정도 걸리는 위치인데다 인근에 조지타운대학교, 조지워싱턴대학교를 비롯한 명문대학이 많아 학군이 좋은 동네로 평가받고 있다. 특히 워싱턴D.C.와 메릴랜드 주 어디에서 와도 좋은 위치다.

다음 세대를 위해 비전센터를 건립하는 건 한국의 많은 교회가 이미 하고 있는 일이다. 우리 교회도 자녀선교에 맞춰서 진행할 뿐 특별한 사안은 아니다. 다만 나 같은 사람도 하나님이 함께하실 때 이런 사역을 할 수 있다는 사실을 전하고 싶다. 꿈으로 보여주시고 음성을 들려주셔서 지금도 역사가 일어나는 것이 감사하다.

마지막 헌신을 꿈꾸다

내가 설교하면서 나이를 밝힐 때마다 중직자들이 "목사님, 나이 얘기하지 마세요"라고 만류한다. 우리 교회에 새로 출석하는 성도들이 담임목사가 은퇴할까 봐 불안해한다며 걱정하는 것이다. 미국 남침례교단은 은퇴 연한이 없다. 내가 건강하기만 하면 언제까지든 목회해도 상관없다. 내가 나이를 말하면 너무 젊어 보인다며 다들 놀란다. 사실 젊을 때는 너무 어려 보여서 흰머리를 나게 하는 약을 먹기도 했다. 지금도 흰머리가 나지 않아 염색을 하지 않는다.

이민 올 때 나이가 평생 간다는 말이 있다. 그러니 20대에 이민 온 우리 부부는 청년의 감각을 갖고 있는 셈이다. 청년들은 다른 젊은 부사역자들보다 나를 더 편하게 생각한다. 이유는 'Yes'와 'No'가 정확하고, 절대 뒷말을 하지 않아 그렇다는 것이다. 아내도 할 말이 있으면 직설적으로 하는 편인데, 20대 때 이민 와 젊은 감각을 유지해 그런 듯하다.

아무리 젊어 보이고 청년의 감각을 갖고 있다 해도 적당한 나이에 은퇴하는 게 마땅하다. 이것을 위해 우리 교회에서 파송하여 13년간 선교사로 활동하던 선교사가 본교회로 들어와 훈련받고 있다. 나는 비전센터를 완공한 뒤 은퇴할 예정이다.

창립 10주년 때 선교대회를 마친 후 1년간 안식년을 가지려고 했다. 교회도 부흥한 상황이니 영국에 가서 공부할 계획이었는데 실행위원들이 간곡히 만류해 주저앉았다. 부흥의 불길이 붙었을 때 담임목사가 없으면 안 된다는 이유였다. 나중에 가야겠다 생각했는데, 이후 기회가 생기지 않았다. 나보다 열심히 뛰는 아내에게 미안했으나 아내는 상관없다고 했다.

우리 부부는 20년 넘게 사역하면서 주일에 휴가를 간 적이 없다. 언제나 월요일에 가서 금요일에 돌아왔다. 안식년 휴가도 가지 않았으니 22년 동안 꼬박 주일을 우리 교회에서 보낸 셈이다.

은퇴하면 선교지를 방문하고 싶다. 하나님이 마음 주시면 선교사로서 마지막 헌신을 할지도 모르겠다. 늦게 목회자가 되었으니 더 열심히 해야 한다는 각오로 달려왔다. 돌아보면 모든 것이 하나님의 은혜였다. 더 열심히 사역하면서 하나님을 기쁘게 해드리는 것이 나의 목표다.

"많은 사람을 옳은 데로 돌아오게 한 자는
별과 같이 영원토록 빛나리라"

(단 12:3)